Como falar no rádio))

Dados Internacionais de Catalogação na Publicação (CIP)
(Câmara Brasileira do Livro, SP, Brasil)

César, Cyro
 Como falar no rádio : prática de locução AM e
FM / Cyro César. – 12. ed. – São Paulo : Summus, 2017.

 Bibliografia.
 ISBN 978-85-323-0364-6

 1. Falar no rádio 2. Locução no rádio 3. Voz - Educação
I. Título.

08-12372   CDD-808.51

Índices para catálogo sistemático:
1. Falar no rádio : Retórica 808.51
2. Locução radialista : Retórica 808.51
3. Rádio : Prática de locução : Retórica 808.51

Compre em lugar de fotocopiar.
Cada real que você dá por um livro recompensa seus autores
e os convida a produzir mais sobre o tema;
incentiva seus editores a encomendar, traduzir e publicar
outras obras sobre o assunto;
e paga aos livreiros por estocar e levar até você livros
para a sua informação e o seu entretenimento.
Cada real que você dá pela fotocópia não autorizada de um livro
financia o crime
e ajuda a matar a produção intelectual de seu país.

CYRO CÉSAR

Como falar no rádio

Prática de locução AM e FM

summus editorial

COMO FALAR NO RÁDIO
prática de locução AM e FM
Copyright © 2009 by Cyro César
Direitos desta edição reservados por Summus Editorial

Editora executiva: **Soraia Bini Cury**
Assistentes editoriais: **Andressa Bezerra e Bibiana Leme**
Capa: **Alberto Mateus**
Projeto gráfico e diagramação: **Crayon Editorial**
Impressão: **Sumago Gráfica Editorial**

Summus Editorial
Departamento editorial:
Rua Itapicuru, 613 – 7º andar
05006-000 – São Paulo – SP
Fone: (11) 3872-3322
Fax: (11) 3872-7476
http://www.summus.com.br
e-mail: summus@summus.com.br

Atendimento ao consumidor:
Summus Editorial
Fone: (11) 3865-9890

Vendas por atacado:
Fone: (11) 3873-8638
Fax: (11) 3872-7476
e-mail: vendas@summus.com.br

Impresso no Brasil

AGRADECIMENTOS

AGRADEÇO A COLABORAÇÃO dos inúmeros companheiros e profissionais do rádio que, desde o início, me incentivaram e deram força a este trabalho. Em especial, agradeço aos meus pais, por terem acreditado e apoiado meus sonhos, e aos meus filhos, César Abreu e Fernando César, também radialistas, pela importante participação durante a pesquisa bibliográfica, a coleta de depoimentos, a compilação de assuntos e a elaboração desta obra.

SUMÁRIO

PREFÁCIO
Osmar Santos **9**

APRESENTAÇÃO
Fernando Henrique Cardoso **13**
Paulo Machado de Carvalho **17**

COMENTÁRIOS
César Rosa **21**
Luiz Fernando Magliocca **23**
Paulinho Leite **27**
Brim Filho **29**
Serginho Leite **31**

INTRODUÇÃO À NOVA EDIÇÃO 33

1 | A história do rádio **37**
2 | Processo da comunicação **66**
3 | A impostação de voz **69**
4 | Locução: produção da voz **72**
5 | Exercícios práticos **79**
6 | Desenvolvendo a voz profissional **98**
7 | Cuidados e prevenções: voz profissional **102**
8 | Voz: combinação dos sons em palavras **109**
9 | Características do rádio **118**
10 | Linguagem do rádio **123**

11 | Características da linguagem radiofônica **129**
12 | Regionalismo radiofônico **141**
13 | Tecnologia se compra, mão-de-obra se forma **147**
14 | Iniciação à prática de locução **152**
15 | Técnicas de locução **161**
16 | Antes de falar **180**
17 | Durante a locução **189**
18 | O locutor e o microfone **192**
19 | O locutor e o estúdio **200**
20 | O locutor e o ouvinte **203**
21 | Desenvolvimento, criação e apresentação de noticiosos **208**
22 | Tipos de locução e definição profissional **212**
23 | Os quarenta principais erros de locução **220**
24 | Rádio: a magia da transmissão **237**
25 | Organização de uma rádio **248**
26 | As novas tecnologias chegam ao rádio **256**
27 | Estrutura e funcionamento de uma rádio AM/FM **268**
28 | Como vender e comercializar no rádio **273**
29 | O radialista e a ética **283**

CONSIDERAÇÕES FINAIS **291**

REFERÊNCIAS BIBLIOGRÁFICAS **295**

PREFÁCIO

Osmar Santos[1]

DESDE "GAROTINHO" VIVO DENTRO DESTA COISA MARAVILHOSA CHAMADA RÁDIO. As lembranças começam quando meu pai pedia silêncio em casa para ouvirmos o Repórter Esso, passam pelo meu início na Rádio Oswaldo Cruz e pela Rádio Clube de Marília, estendendo-se pela minha vida numa necessidade cada vez maior de aprimorar aquela coisa que mexia comigo a ponto de optar pelo rádio

---

[1] Foi trabalhando ao lado de Osmar Santos na Rádio Record de São Paulo que me apaixonei pelo futebol transmitido pelo rádio. Osmar Santos falava até cem palavras por minuto, sem atropelar nem engolir nenhuma palavra ou letra. Sua narração era maravilhosa, uma verdadeira obra-prima. Mas a "perfeição" na fala de Osmar não se resumia à dicção. O locutor usava a dramaticidade para reforçar a narração. Ele atuava como um autêntico mediador do jogo, já que precisava falar da partida para quem não a via, para quem estava no estádio e para os que ligavam a TV e sintonizavam sua narração no rádio. Para isso, Osmar valorizava a partida com muita dramaticidade, chamando constantemente a atenção do ouvinte. Meu respeito pelo Osmar também veio do respeito que ele tinha com o ouvinte, que se manifestava por essa mediação e também pelo carisma que exibia no trato com as pessoas. Osmar Santos se portava da mesma maneira diante de um faxineiro e do presidente da República. Esse carisma foi um dos componentes que o levou a ser o locutor oficial das Diretas-já, movimento popular do início da década de 1980. Foi com as Diretas-já que Osmar se consagrou nacionalmente. O sucesso foi fruto de uma preocupação constante de Osmar: por mais que sempre ressaltasse seu lado paulista, ele procurou um método nacional de narrar, sem sotaque e expressões regionais. Sua maior marca, sem dúvida, era a criatividade. O que o diferenciou dos demais locutores de sua época foram seus jargões. A força das expressões de Osmar pode ser medida pela sua constante utilização: até hoje se fala "ripa na chulipa e pimba na gorduchinha". Mesmo estando afastado desde 1994, em decorrência de um grave acidente automobilístico, ele mostrou seu apego à vida e ao trabalho. Quis Deus afastá-lo dos microfones, mas não do rádio. A consagração de Osmar Santos como um dos maiores locutores do rádio brasileiro se traduz também no que podemos chamar de "escola Osmar Santos de narração", representada por locutores que hoje narram as partidas com um estilo muito semelhante ao seu. É com muita honra que recebo, com o prefácio deste livro, a enriquecedora participação do Pai da Matéria. O texto foi redigido em 1989, quando tive a oportunidade de atuar ao seu lado na Rádio Record AM de São Paulo. [N. do A.]

em vez de engenharia. Fazer rádio para mim significa a minha vida, de forma tão ligada que quando começo a falar do rádio começo a falar de mim mesmo.

O rádio é um veículo de comunicação ligado a quase todas as pessoas por ter uma penetração muito grande, por ser de fácil aquisição e também por não tomar as pessoas por inteiro. Você pode dirigir ouvindo rádio, trabalhar, ler, dormir, acordar sem que ele o tome por inteiro. É diferente de pegar um jornal, um livro ou, ainda, assistir à televisão, ocasiões em que a pessoa tem de parar por completo. Sendo assim, sua presença é marcante no cotidiano das pessoas.

Uma carreira dentro do rádio é construída como em qualquer outra profissão: o espírito deve estar preparado para enfrentar as dificuldades da competitividade do nosso meio. E, para fazer frente às dificuldades de qualquer pessoa que se lance a esse meio, devem existir força de vontade, perseverança, criatividade, iniciativa, um pouquinho de sorte e, principalmente, humildade.

O profissional do rádio deve ser transparente para o seu público. Quando errar, deve assumir o seu erro, tentar ser o mais claro possível nas suas ideias e nos seus caminhos, usando muita criatividade; essas coisas têm me norteado durante toda a minha vida.

Sinto, de uma maneira geral, que o rádio no Brasil tem muita carência de material didático. Há muito pouca coisa que fale de sua história e que tenha a facilidade de oferecer às pessoas uma ajuda ou fonte de consulta. Não existem fórmulas ou regras para formar um locutor ou um comunicador. Seria como tentar ensinar uma pessoa a nadar de forma teórica, explicando os movimentos das batidas dos braços e pernas. Com o rádio é a mesma coisa: você tem de mergulhar por completo e se molhar de verdade, sujeitando-se muitas vezes a afogar-se nas frases mal elaboradas. O importante é que você comece na beira para poder chegar ao fundo. Vejo como um trabalho sério a iniciativa de Cyro César de elaborar um livro (*Como falar no rádio*), a fim de servir de apoio a todos aqueles que se propuserem falar no rádio.

Posso dizer que seria o início de uma viagem sem fronteiras ou limitações, na qual um apoio se faz tão necessário.

Setembro de 1989.

APRESENTAÇÃO

Fernando Henrique Cardoso[2]

QUANDO NO CARGO DE PRESIDENTE DA REPÚBLICA, O QUE MAIS ME CHAMOU A ATENÇÃO NO RÁDIO COMO MEIO DE FALAR COM A POPULAÇÃO FOI A POSSIBILIDADE DE FALAR COM CALMA E SEM "RUÍDO", ou seja, sem que houvesse a interferência de terceiros (jornalistas, militantes etc.). Parecia-me que a população, pelas respostas que recebia depois, prestava mais atenção ao escutar diretamente a voz do presidente.

---

2 (Fernando Henrique Cardoso foi Presidente do Brasil de 1995 a 2002.) Foi na estante de uma livraria no aeroporto Salgado Filho, em Porto Alegre, que deparei com um dos livros publicados pelo ex-presidente Fernando Henrique Cardoso. O título da obra era *Cartas a um jovem político: para construir um país melhor* (Rio de Janeiro: Alegro, 2006). Chamaram-me a atenção, ao correr os olhos em uma rápida leitura, algumas linhas que mencionavam algo sobre o rádio: "O rádio é mais intimista, é próximo. Permite a quem está ouvindo se sentir mais próximo de quem está falando [...]". O conteúdo fazia parte do capítulo "Dos símbolos às promessas" (p. 145-6). Continuei, agora mais atento ao texto do ex-presidente, e encontrei uma verdadeira declaração de afeto ao rádio:
"Gosto muito do rádio como meio de comunicação com a opinião pública. Quando a situação estava difícil para mim, para o meu governo, eu contava com o rádio. Ao falar no rádio você fala para as camadas mais desfavorecidas, que precisam entender o sentimento que você tem das coisas. Mesmo que difíceis de entender, mesmo que impopulares. Ao falar ao vivo com os ouvintes, tudo pode acontecer, mas o locutor sempre atenuava a situação. Por isso gosto muito do rádio, pois permite a quem está ouvindo se sentir mais próximo de quem está falando [...]."
Estava na fase de conclusão desta obra e não tive dúvida: os leitores de *Como falar no rádio* precisavam saber um pouco mais sobre os sentimentos de um presidente da República nos momentos em que se comunicava com a população por meio do rádio. Entrei em contato com a assessoria de Fernando Henrique Cardoso e qual não foi minha surpresa quando sua participação nesta obra foi confirmada. O livro é uma espécie de fiel depositário das experiências de quem o escreve. Por meio das palavras revelamos ao leitor os caminhos dos nossos pensamentos. Em suas páginas deixamos como que uma impressão digital dos nossos sentimentos. [N. do A.]

Há diferenças entre falar ao povo brasileiro pelo rádio e por meio de outros veículos da mídia. No rádio não se "prepara" a conversa, como na TV ou nos jornais. Ela é mais espontânea e mais "quente".

É grande a importância e a responsabilidade social do futuro radialista na formação da opinião pública. O radialista é uma espécie de tradutor das questões complexas (da economia, da política, do país e do mundo) para o grande público. Eu costumo ouvir os comunicadores de rádio entrevistando ou comentando fatos. Alguns têm uma enorme competência para explicitar o que o entrevistado disse de modo confuso ou para comentar de modo simples e direto acontecimentos de difícil apreensão pelo grande público.

É de suma importância usar o poder da comunicação de um microfone de rádio com ética, bom senso e coerência. É imensa a responsabilidade social do locutor diante da tarefa gigantesca de enraizarmos os valores democráticos. Na difusão da cultura democrática, a ética, o sentido comum e a coerência são requisitos imprescindíveis para que os homens do rádio cumpram seu papel social.

O radialista, quando fala para as pessoas que vivem em grandes centros do país ou para as populações que vivem em localidades afastadas e menos favorecidas, precisa ter o conhecimento de que não basta ter sensibilidade social e registrar o drama humano. É preciso desvendar as causas disso e mostrar à população que o sentimento de solidariedade, junto com a competência para resolver as questões, deve estar sempre presente.

O autor me pediu que dirigisse algumas palavras aos jovens estudantes de comunicação, futuros radialistas, profissionais atuantes e pessoas que sonham um dia falar num microfone de rádio. Sejam humildes para aprender o que ainda não sabem e se preparem para compartilhar o que vierem a saber, expressando-se de modo direto, simples e veraz, para que a maioria se beneficie de seus conhecimentos.

No entanto, diria aos radialistas que fazem do rádio um meio para chegar algum dia a um cargo público em nosso país que é mais importante ser um bom comunicador do que se perder nos escaninhos da vida parlamentar, desligando-se do contato diário com o público que o rádio permite.

Abril de 2008.

APRESENTAÇÃO

Paulo Machado de Carvalho[3]

A IMPRESSÃO QUE TIVE É DE QUE CYRO CÉSAR TEVE MUITO CUIDADO AO ELABORAR ESTA OBRA DENTRO DE UMA TRILHA CERTA, POIS, NO RÁDIO DO MEU TEMPO, OS PROFISSIONAIS SE FIZERAM SOZINHOS DIANTE DAS DIFICULDADES QUE LHES ERAM IMPOSTAS. Em 1931, tinha eu 30 anos de idade e, para horror da minha mãe, dona Brasília, comprei uma rádio meio falida no número 17 da Praça da República, por 25 contos de réis. Não tinha nenhum conhecimento do que era rádio, tampouco que na época era um negócio incipiente. Nunca tinha visto um microfone em minha vida quando entrei nas salinhas aca-

---

[3] (Paulo Machado de Carvalho, fundador da Rádio e Televisão Record de São Paulo, faleceu em 1992.) Foi trabalhando na Rádio Record que pude descobrir o verdadeiro sentido que o rádio tem para as pessoas – um amigo, fiel companheiro e catalisador de expectativas. Ao cumprir meu horário nos microfones da FM Record, ficava perambulando pelos corredores da emissora no setor de AM, para disfarçadamente observar através dos vidros dos estúdios os ícones do rádio da época. Afinal, a Record tinha em seu elenco os grandes nomes do rádio. Isso me fazia lembrar dos meus tempos de tiete nos corredores da Rádio Excelsior, na rua das Palmeiras, em São Paulo. Matava aulas no colégio para colar a ponta do meu nariz nos vidros que dividiam os aquários dos estúdios da emissora. Trabalhar na Record era sem dúvida a realização de um dos meus sonhos. Era fantástico encontrar nos corredores da rádio o doutor Paulo, que sempre tinha uma boa história sobre o rádio para contar nas rodinhas dos funcionários que se formavam à sua volta. Ter seu depoimento neste livro, confesso ao leitor, foi resultado de um gesto de coragem; afinal, quem era aquele funcionário da frequência modulada que estava escrevendo um livro sobre rádio? Enfim, graças aos meus diretores na época, Edson Guerra e Francisco Paes de Barros, fiquei frente a frente com o doutor Paulo. Meio tenso e desajeitado pude constatar, depois dos primeiros instantes de conversa, que ele realmente era aquela pessoa acessível, generosa e apaixonada por rádio de que todos falavam. [N. do A.]

nhadas e escuras da emissora para conferir, no meio do pó acumulado, o que havia comprado. No início, tive a sorte de conhecer grandes pessoas que me ajudaram a erguer uma rádio que na época foi chamada de "Voz de São Paulo". Eram anos turbulentos aqueles, e soubemos aproveitar bem o Movimento Constitucionalista de 1932. A Rádio Record tornou-se uma rádio-modelo, com audiência e prestígio, graças a uma programação moderna e popular. No início optei por fazer uma rádio que, quando chegasse aos ouvidos de quem a escutasse, fosse direto ao coração.

Tivemos grandes locutores, como César Ladeira e Nicolau Tuma, que me ajudaram a criar noticiários jornalísticos, programas sobre futebol. Trouxemos a São Paulo os grandes nomes da música popular da época, estrelas do calibre de Carmen Miranda e Orlando Silva. Da parte artística da emissora, escrevendo programas, cuidavam outras duas jovens revelações: os redatores Otávio Gabus Mendes e Raul Duarte.

Assim eram o rádio e seus profissionais no início. Olhando para tudo isso, sinto-me uma pessoa responsável por alguma coisa boa que tenha acontecido no rádio, pois tive a oportunidade, depois de Roquette Pinto, de ter a Record como a segunda rádio no Brasil.

Durante todo esse tempo vivemos muita coisa boa com muitos profissionais e ouvintes; afinal, cinquenta anos de rádio me ensinaram que um profissional não se faz do dia para a noite. É preciso ter muita dedicação, amor ao trabalho e força de vontade, pois falar não é apenas um dom, é um conjunto de esforços reunidos em torno de um sonho e de um ideal.

Espero que tudo que foi escrito neste livro não seja perpetuado apenas nas páginas, mas também na memória das pessoas, porque o rádio é a lembrança viva do esforço de uma geração que sonhou e acreditou em uma história a ser escrita.

Setembro de 1989.

comentários

CÉSAR ROSA[4]

Conhecimento é um prazer, como o são também aprender e crescer... Falar não é apenas um mexer de lábios; palavras o vento leva... Saber falar, o que falar, como falar, na verdade é resultado de um somatório de fatos, situações, que se acumulam ao longo do tempo. *Como falar no rádio* reúne algumas fórmulas de experimentação mais recente, sobretudo no rádio paulista. Diga-se de passagem, os profissionais do rádio, hoje, têm as formações mais diversas que se possa imaginar, e acredito eu que Cyro César, com seu jeito pacato, tranquilo e persistente, conseguiu colocar no papel aquilo que tantas vezes falamos em bate-papos informais, mas que ficou solto no ar. *Como falar no rádio* não pretende dar aulas, mas sim contar experiências e mostrar exercícios, que colaborarão com o falar e certamente acrescentarão bons métodos a ele. Vamos

---

[4] César Rosa representa o surgimento de uma nova geração de locutores da década de 1980. Seu estilo hoje é imitado por muitos no Brasil; atribuo a ele a importância de um dos maiores nomes do rádio brasileiro, não apenas por sua técnica, qualidade de voz e postura diante do microfone, mas também por ele conseguir reunir tudo isso sendo um grande ser humano – característica que você certamente vai observar nos grandes profissionais. O locutor sempre será no ar o que ele é como pessoa. César Rosa é daqueles profissionais que, apesar dos cargos importantes que já ocupou em grandes emissoras por onde passou, tanto no Brasil como no exterior, sempre souberam conservar a calma e o dinamismo bem sintonizados. Aliás, sintonia é uma palavra sempre presente no seu vocabulário.

acertar a sintonia... A seguir "ouviremos" *Como falar no rádio*, executado por Cyro César, que o oferece a todos os ouvintes, digo, leitores, como prova de muito carinho e dedicação. No ar...

Junho de 1988.

comentários

LUIZ FERNANDO MAGLIOCCA[5]

Falar! O ato da fala... O dom de se comunicar. A maravilha que significa o diálogo. Será que a gente leva tudo isso a sério? Sim, porque, na realidade, só os privilegiados seres humanos têm a possibilidade de se comunicar com palavras e fazer delas o melhor uso possível para transmitir ideias, conceitos, informações, instrução, educação etc.

Nós temos a chance de dizer coisas e, por meio delas, passar uma série de outras coisas nas chamadas entrelinhas, nas trocas de parágrafos, na construção de frases e em uma série de outros artifícios gramaticais. Mas o nosso negócio é a fala, a linguagem falada, mediante esse incrível veículo que não mede distância, não se preocupa com barreiras ideológicas, linguísticas ou mesmo culturais; um veículo que participa da vida do ser humano durante as 24 horas do dia e está presente nos locais mais absurdos, sempre falan-

---

[5] Aqueles que conhecem Luiz Fernando Magliocca pessoalmente sabem que ele sempre foi um mestre na arte de fazer rádio. De alguma maneira, os que não o conheceram de perto já ouviram um pouco do seu trabalho, porque Magliocca trouxe para as grandes emissoras de rádio onde trabalhou os formatos de programação que deram certo e ainda hoje estão no ar. Trabalhar ao lado de Luiz Fernando sempre foi um constante aprendizado de ética, competência e profissionalismo. É um chefe sempre exigente, pronto e presente. Como ser humano, é sensível, solícito e justo. Importante nome da comunicação brasileira, tem sua vida profissional marcada por inovações. Foi um dos responsáveis pela criação da 89 FM de São Paulo e passou pelas rádios Excelsior, Jovem Pan, Cidade, Bandeirantes, Transamérica, Capital, entre tantas outras. [N. do A.]

do, cantando, informando, enfim, fazendo companhia. O rádio, esse misterioso aparelho eletrônico, vicia, cria hábito, dá empregos, satisfaz enormes vaidades, projeta nomes, descobre talentos, elege representantes do povo e, entre outras coisas, "fala" para seus inúmeros, milhares, incógnitos e importantes ouvintes. Será que essa fala é "produzida", estudada, planejada? Será que é muito importante ir ao microfone sabendo o que falar? Ou o tão decantado improviso é mais "comunicativo"? Na realidade, não existem respostas prontas para uma ou outra opção, ambas são válidas. O que importa é ter noção do que será falado.

Na maioria das vezes, aqueles comunicadores que têm o dom da palavra conseguem sair-se bem pela eloquência, e até convencem, em certas ocasiões. Entretanto, aqueles que, além de terem o dom da oratória, preocupam-se em ler e acompanhar o desenvolvimento do dia-a-dia e têm vontade de saber e crescer cada vez mais têm muito mais chance de vencer e permanecer nesse mercado que é cheio de altos e baixos. Embora o assunto beire os limites da caretice, acho importante analisá-lo mais profundamente, pois a experiência tem demonstrado graves deficiências nessa área. Fazendo uma breve comparação com outras artes (e o rádio não deixa de ser uma delas), observamos que o ator não entra em cena sem ter o texto decorado; o ator de TV, normalmente, ao gravar uma cena de novela, está com o diálogo na ponta da língua, maquiagem feita e preparado para encarnar o personagem que lhe foi destinado; muitos artistas, como os cantores, concentram-se antes do show, procurando fazer algum tipo de relaxamento etc.

Pergunto: o que faz o nosso amigo radialista ou, melhor, locutor antes de entrar no ar? Momentos antes daquela famosa "passagem de horário", existe alguma preparação? É feito algum "relaxamento" ou é dedicado algum tempo à "concentração"? Alguém se preocupa com a "maquiagem" antes de entrar em "cena"?

Pois bem, gostaria que este texto servisse como uma mensagem para os que estão e para os que vêm. Depois de trinta anos nesta batalha de testar, treinar, orientar locutores, produtores, programadores, temos observado que só ficam, só são marcantes, aqueles que têm algo a dizer, que trazem do berço alguma coisa além da bela voz ou do esperto jeito de falar. Continuo achando que o conteúdo é mais importante do que a forma. Se pudermos aliar ou conciliar um grande conteúdo a uma excelente performance, tanto melhor, teremos um profissional bem próximo da perfeição. Se você analisar o que ocorre normalmente, em especial nas emissoras de FM, em todo o país, vai encontrar aquilo que se convencionou chamar de "mesmice", ou seja, o ouvinte só reconhece ou destaca a voz daquele profissional que tem algo especial a oferecer, pois os demais ou falam da mesma maneira, ou procuram imitar alguns dos próprios ídolos, ou usam o mesmo esquema de fala, as mesmas inflexões, os mesmos textos e assim por diante. Fica, no final da mensagem, a torcida para que você que vai seguir a carreira se preocupe com você mesmo, com o seu crescimento interno, com a sua mente. Só quem tem conteúdo pode passar algo para outra pessoa. Só quem está convencido de uma verdade tem capacidade para "vender" ideias para outros seres humanos. Só quem tem bagagem pode fazer uma longa viagem e deixar uma impressão positiva nos lugares por onde passou. Leve a sério a carreira. Leve a sério a mensagem que você pretende passar. Lembre-se de que, do outro lado do rádio, existem milhares de pessoas levando a sério o que você está dizendo. Não é difícil vencer, o sucesso caminha paralelamente ao trabalho sério e honesto. E o encontro é fatal. Procure conhecer o seu público, fale com ele. Em pouco tempo você descobrirá que... fazer rádio é mexer com a emoção das pessoas...

comentários

PAULINHO LEITE[6]

A radiodifusão brasileira experimentou, nos últimos anos, um desenvolvimento extraordinário. Foram inauguradas centenas de novas emissoras por todo o país, principalmente emissoras de frequência modulada (FM). Todo esse crescimento deixou à mostra a carência de bons profissionais em todas as áreas. A área de locução, em especial, tem atraído muita gente, gente que sofre com a falta de cursos e publicações sobre radiodifusão em nosso país. É bem verdade que já existem alguns bons cursos para locutores, mas o número de cidades onde eles estão instalados ainda é pequeno.

Por isso, o lançamento deste livro é muito importante. Cyro César, além de locutor em emissoras de São Paulo, tem muita experiência como professor, experiência que ele passa nas páginas deste manual. Os assuntos abordados são variados, a linguagem é leve e direta. Evidentemente, ninguém vai se transformar num astro do rádio logo após ler este livro (nem foi essa a intenção do autor), mas o leitor

---

[6] Paulinho Leite é radialista e jornalista. Iniciou a carreira na TV em 1973, passando pela Rede Globo, TV Bandeirantes e CNT/Gazeta. Trabalhou também nas rádios Cidade, Jovem Pan, Excelsior, Bandeirantes e Metropolitana, entre outras. Atuou como docente de prática de locução em rádio na Rádioficina de São Paulo. Vive nos Estados Unidos desde 1992, onde desenvolveu uma sólida carreira como produtor e professor de rádio. [N. do A.]

vai seguramente ter condições de realizar um trabalho bem mais consistente.

Como um dos pioneiros da locução em emissoras de FM no Brasil, eu gostaria de deixar aqui um incentivo a todos os que estão ingressando agora no rádio. Como todo profissional brasileiro, o radialista trabalha muito e nem sempre ganha o que merece, mas tem uma recompensa que poucos profissionais de outras áreas conseguem obter: o reconhecimento de seu trabalho por parte de um público cada vez maior. E isso não há salário que pague.

Parabéns ao Cyro César pelo lançamento deste livro, que espero ser o primeiro de uma série. Com seu trabalho pioneiro, ele abre espaço para que outros profissionais do rádio passem para o papel um pouco do que aprenderam em seus anos de trabalho. Assim, o rádio brasileiro poderá tornar-se ainda mais importante do que já é.

Agosto de 1989.

comentários

BRIM FILHO[7]

Do alto dos meus mais de sessenta anos de rádio, só posso ver com bons olhos, e ouvidos também, a publicação de um livro que aborda um dos pontos primordiais do maravilhoso engenho de Marconi: a locução. A literatura sobre assuntos do sem-fio é reduzidíssima, ainda mais na parte didática. Confesso que os segredos do microfone – um dos quais a arte de falar – são principalmente desvendados no contato direto com ele. Porém, um bom livro poderá ajudar muito aqueles que abraçam uma das mais importantes expressões da comunicabilidade. Nos tempos de antanho não era tão difícil praticar a locução. Naqueles dias, quando o locutor era tratado pelo pomposo nome de *speaker*, os "serviços de alto-falantes" exerciam a função de escolas. Eram verdadeiras emissoras em miniatura. Os alto-falantes, também chamados de bocas, ficavam localizados em pontos estratégicos: abrigos de ônibus e bondes, praças, barbearias e cafés. Onde houvesse

---

[7] Brim Filho deixou-nos há alguns anos, no entanto seu legado permanece entre nós. Dono de uma voz poderosamente grave, marcante e enfática nos noticiários, doou-se integralmente para as emissoras em que trabalhou. Foi professor da extinta Escola de Rádio e TV, formando uma das primeiras damas da televisão brasileira: Vida Alves. Ministrou, na década de 1960, aulas a funcionários da Lintas do Brasil. Atuou como locutor, animador, noticiarista e comentarista de esportes em mais de uma dezena de estações de rádio e televisão nacionais. Foi locutor, coordenador e selecionador de locutores da Rádio Jovem Pan de São Paulo. [N. do A.]

boa afluência pública e proteção contra a chuva, alto-falantes propagavam música, notícias, conselhos úteis e reclames (como eram então denominados os anúncios). Havia um estúdio igual ao das emissoras de rádio. E quando faltava um operador nós fazíamos o mesmo que os atuais comunicadores de FM: locução e áudio. Do transmissor de som, espalhava-se uma rede de fios em direção às "bocas". Única diferença de uma emissora de rádio para um serviço de alto-falantes: este não possuía ondas hertzianas. Assim, meus amigos, foi que me "formei" em locução: fazendo o "primário, ginásio e colegial" radiofônico naquele circuito sonoro de delimitada audiência. Nos grandes centros já não existem tais projetores de som. Aqueles que almejam atuar no rádio necessitam ingressar numa escola específica. E, para as escolas, é preciso haver mestres e livros; que seja este um deles, a forjar ou lapidar novos valores. Que aprendam com ele a respirar, a articular bem os termos, a dar projeção ou colocação oral, a ter ritmo, a valorizar o vocabulário com uma boa dicção. Enfim, que aprendam um conjunto de fatores e predicados que dará à voz veemência, colorido, harmonia, sentido, vida e, consequentemente, que dará às palavras beleza, sinceridade, distinção e expressividade nas mais diversas manifestações da alma, do pensamento e do coração.

Outubro de 1989.

comentários

SERGINHO LEITE[8]

Todo começo tem suas dificuldades, principalmente se a atividade envolve certa habilidade.

Tenho sempre comigo uma coisa: toda vez que se abre o microfone, é preciso saber o que vai ser falado. O raciocínio já deve estar produzido, organizado, para que não falte segurança. Devemos pensar que somos a primeira página do jornal para o ouvinte, devemos passar credibilidade.

Uma coisa importante para o locutor, mais do que a voz, mais do que a rapidez de raciocínio, é um bom preparo cultural. *Como falar no rádio* é um livro que com certeza vai trazer a você o conhecimento de muitos anos, de uma "moçada" que bateu cabeça, acertou e errou muitas vezes no ar...

Acredito que, se o livro for levado a sério, com certeza você vai se dar bem. Depende apenas de você achar seu estilo, que é condição *sine qua non* para o seu sucesso no rádio.

Quando trabalhei na Rádio Jovem Pan 2, eu ia, após o meu horário, ao terraço do prédio e olhava lá de cima para a cidade, imaginando que do alto da antena da rádio saía

---

[8] Serginho Leite é radialista, humorista e músico. Com uma sólida carreira no rádio, conquistou um espaço que poucos apresentadores conseguem no Brasil. Seu agudo senso de humor o tornou conhecido no *Show de Rádio*, programa em que iniciou sua carreira (então, na Rádio Capital de São Paulo). Sempre fez rádio do jeito que gosta: futebol misturado com boa música e entrevistas. Marcou seu nome na história do rádio FM paulista, tendo passado pelas rádios Jovem Pan, Cidade e Globo FM.

um grande guarda-chuva de ondas que abraçavam São Paulo, dando informações, tocando músicas, acordando as pessoas, com o rádio influenciando, de certa forma, o dia-a-dia delas.

O rádio deve ser encarado de forma muito séria, só assim você vai realizar o que quer. E tem mais: se um dia você estiver no ar, procure fazer do rádio a sua maior responsabilidade, porque as pessoas acreditam demais em você.

Agosto de 1989.

INTRODUÇÃO À NOVA EDIÇÃO

Um segundo no rádio é uma eternidade no ar.
CYRO CÉSAR

Pense comigo no que podemos fazer em um segundo. Dependendo do momento e do local, talvez haja tempo para um suspiro curto, umas duas piscadas ou até mesmo uma rápida olhada até onde os olhos alcancem. Se pensarmos como Einstein, nossas perspectivas aumentam, pois ele constatou que o tempo é relativo, conforme local e ponto de vista do observador.

Com base nessa perspectiva, as coisas podem ser o que realmente não são. Veja o caso de uma noite estrelada, por exemplo: ao olharmos para o firmamento, observaremos o brilho de milhões de estrelas; várias talvez já não existam mais, mas a luz emitida por elas ainda chega até nós. Isso quer dizer que estamos olhando no presente para o passado. Sabe, é isso que me inquieta, o relativo.

Um segundo no rádio pode ser utilizado com eficiência ou com descuido. Quando se abre o microfone e a luzinha vermelha do estúdio acende, muita coisa pode ser dita de um movimento a outro do pêndulo de um relógio. Esse segundo pode se tornar uma eternidade para quem não tem nada a dizer. No entanto, pode fazer a diferença e valer uma vida se você disser a coisa certa, na hora certa, para a pessoa certa. Assim, aproveita-se cada valioso segundo no rádio. A palavra falada pode durar um segundo quando o assunto não lhe interessa ou levar anos para terminar quando o seu desejo de saber é despertado.

Este livro tem por objetivo transmitir algumas experiências da minha carreira como locutor de rádio em São Paulo. Procurei elaborá-lo de forma a trazer ao leitor um conhecimento geral das técnicas de locução no rádio, um dos mais empolgantes veículos de comunicação que faz parte do cotidiano das pessoas. A vivência no rádio me mostrou que o melhor professor é o tempo e a melhor escola é a busca do conhecimento.

Esta obra não tem a pretensão de suplantar os conceitos já estabelecidos por grandes mestres em comunicação e por colegas profissionais, mas sim de externar de maneira objetiva os conhecimentos adquiridos durante a minha experiência como professor e profissional de rádio.

Desde sua primeira edição, muitas coisas mudaram no mundo das comunicações e, por conseguinte, na radiodifusão brasileira.

O amigo leitor não imagina quanto me satisfez, durante esses anos todos, responder a um grande número de cartas vindas de várias partes do Brasil, e até de outros países de língua portuguesa, nas quais os leitores contaram como o conteúdo desta obra colaborou para seu aprendizado, sua formação pessoal e profissional e — por que não dizer? — a realização de muitos de seus sonhos.

Procuro proporcionar ao leitor, nas páginas a seguir, uma viagem ao mundo do rádio. Nos dois primeiros capítulos, abordaremos a história da sua chegada ao Brasil, suas influências sociais, políticas e econômicas na vida brasileira. Do capítulo 3 ao capítulo 8, trataremos da voz profissional, de sua produção, seu desenvolvimento, de cuidados e prevenções, apresentando inúmeros exercícios práticos. Do capítulo 9 ao 12, avaliaremos as características do rádio, suas linguagens e sua presença no regionalismo nacional.

Abordaremos, do capítulo 13 ao 23, a formação do locutor, as técnicas diante do microfone e no estúdio, a postura do profissional antes, durante e depois da fala, os tipos de locução, a definição profissional e os quarenta erros mais presentes na locução radiofônica. Do capítulo 24 ao capítulo 27, o leitor vai conhecer, além das novas tecnologias, a estrutura de funcionamento de uma emissora de rádio, sua organização e a magia de uma transmissão radiofônica. Nos capítulos 28 e 29, mostraremos o lado comercial do rádio, apresentando técnicas de vendas, captação de anunciantes e patrocínio.

A presente edição de *Como falar no rádio* foi atualizada e acrescida de alguns assuntos bem oportunos. Em face das transformações que vivemos, vejo o conhecimento e a informação como os principais diferenciais para uma boa colocação profissional. Espero, assim, poder colaborar com o mercado e o rádio, assim como com os seus futuros profissionais.

1 A HISTÓRIA DO RÁDIO

Vejo a história do rádio como uma seta que atravessa o tempo, passando pelas eras tecnológicas de forma linear e veloz, com um presente que se esvai como a areia dentro de uma ampulheta. Vivemos a era dos momentos, que se instalou há não muito tempo.

Os mais relevantes acontecimentos recentes foram frutos das duas últimas grandes revoluções: a industrial e a científica, que nos proporcionaram meios de chegar a lugares onde, na realidade, não estamos de corpo presente. Digitalização dos equipamentos, aperfeiçoamento dos processos da informática, grande aumento da velocidade da informação devido à internet, criação das redes via satélite, do rádio digital e o próprio processo de globalização da economia mundial provocaram profundas mudanças no mercado radiofônico.

O rádio brasileiro imprime na sua história uma trajetória atribulada, chegando-se a duvidar de sua sobrevivência quando do surgimento da televisão em 1950. No entanto, mostrou aos apregoadores do fim que, mesmo com todas as dificuldades, possui uma enorme capacidade de superação.

Tive o privilégio de trabalhar em grandes empresas de radiodifusão, junto de excelentes profissionais, com os quais muito aprendi sobre rádio. No entanto, nada se compara à passagem pela Rádio Record de São Paulo, nos tempos de Paulo Machado de Carvalho (1901-1992). Doutor Paulo sempre arrumava um tempinho para percorrer os estúdios da empresa e conversar com os locutores. Guardo na lembrança uma dessas oportunidades. Entre um assunto e outro, perguntei-lhe se acreditava que algum dia o rádio poderia desaparecer. Com um olhar distante, pensativo, respondeu: "Desde o início da Rádio Record, em 1927, sonhei com uma emissora diferente das outras. Tanto é que eu pedia aos nossos diretores artísticos que exigissem dos locutores emoção ao microfone. É impossível fazer rádio sem se emocionar. No dia em que o ser humano conseguir viver sem as batidas do coração, talvez o rádio possa desaparecer. Sempre vi o rádio como o meio mais rápido de fazer chegar uma mensagem dos ouvidos direto ao coração. Todas as vezes que você estiver no ar, emocione-se, pois seus ouvintes jamais se esquecerão de você".

Atualmente, há milhares de emissoras comerciais de rádio espalhadas por todo o Brasil, transmitindo em AM (amplitude modulada) e FM (frequência modulada), e também emissoras que transmitem em OC (ondas curtas) e OT (ondas tropicais), além da grande quantidade de rádios comunitárias operando com autorização do governo federal.

Na vida do rádio e do ouvinte muita coisa mudou. O advento da televisão e as transformações sociais e políticas construíram, em todos esses anos de rádio no Brasil, uma história repleta de capítulos emocionantes e, às vezes, preocupantes, como em qualquer radionovela da década de 1940.

Se muito se discute a respeito da qualidade de sua programação, a crítica também já estava presente logo após sua criação. Bertolt Brecht, dramaturgo e poeta alemão, entre 1927 e 1932, publicou artigos que compõem a sua *Teoria do rádio*. Na obra, o autor questiona o conteúdo oferecido: "Um homem que tem algo a dizer e não encontra ouvintes está em má situação. Mas pior ainda estão os ouvintes que não encontram quem tenha algo a dizer-lhes".

INVENÇÃO DO RÁDIO[9]

Foi em 1864 que o físico escocês James Clerk Maxwell lançou a teoria segundo a qual uma onda luminosa podia ser uma espécie de perturbação eletromagnética que se prolongava no espaço vazio atraída pelo éter. Maxwell partia do princípio de que ondas de natureza eletromagnética povoavam o infinito em todas as direções – a luz e o calor radiante pertenciam a esse tipo de onda. O físico morreu e deixou ao mundo a teoria matematicamente comprovada, sem poder, contudo, experimentá-la.

---

9 A fonte de consulta e pesquisa para o desenvolvimento deste item foi o livro *Histórias que o rádio não contou*, de Reynaldo C. Tavares. [N. do A.]

Em 1887, 23 anos mais tarde, Heinrich Rudolf Hertz, um jovem estudante alemão impressionado com a teoria de Maxwell, construiu um aparelho que se compunha de duas varinhas metálicas de oito centímetros de comprimento, colocadas no mesmo sentido e separadas por um intervalo de dois centímetros; unindo cada varinha aos polos de um gerador de alta tensão, carregava-se um condensador, parte integrante do equipamento, que sofria o mesmo número de alterações. O dispositivo assim construído produzia correntes alternadas de período extremamente curto, que variavam muito rápido.

Realizou-se o sonho de Maxwell. Essas ondas foram chamadas de hertzianas, em homenagem ao seu descobridor. Mais tarde, Hertz verificou que elas viajavam com a mesma velocidade da luz: trezentos mil quilômetros por segundo.

Oficialmente, a invenção do rádio é creditada ao inventor e cientista italiano Guglielmo Marconi, nascido em 1874 na cidade de Bolonha. Desde menino demonstrou interesse por física e eletricidade, tendo sido o primeiro a dar uma explicação prática quanto aos resultados das experiências de laboratório anteriormente realizadas por Heinrich Hertz, Augusto Righi e outros. Com base nos resultados dos estudos de Hertz, Marconi concluiu que tais ondas poderiam transmitir mensagens e, assim, em 1895, fez suas primeiras experiências, com aparelhos rudimentares, na casa de campo de seu pai. Conseguiu fazer que alguns impulsos elétricos chegassem a mais de um quilômetro de distância. Observou, também, que se elevasse a altura das antenas eles alcançariam maior distância.

Marconi entregou-se pacientemente ao estudo das ondas hertzianas e, dois anos mais tarde, descobriu o princípio de funcionamento da antena, resolvendo com isso um grande problema: como enviar sinais pelo espaço. Em 1896 ele enviou mensagens em código Morse de Dover, na Inglaterra, a Wimereux, na França, cobrindo uma distância de 32 milhas com velocidade de vinte palavras por minuto. O cientista teve o mérito de reunir os conhecimentos obtidos no campo da radioeletricidade, utilizando-os para construir um aparelho que pudesse controlar os sinais propagados pelo espaço. Nesse mesmo ano, obteve em Londres, Inglaterra, a patente do seu invento.

Em 1903, Marconi conseguiu enviar uma mensagem ao outro lado do oceano. Em 1906, Reginald Aubrey Fessenden, usando um microfone, pôde incorporar qualquer som desejado às ondas irradiadas, conseguindo, para surpresa de todos, transmitir pelo espaço sua voz e o som de alguns discos de fonógrafo. Estabeleceu-se, em 1907, um serviço telegráfico entre os Estados Unidos e a Inglaterra. Em 1908, os físicos de todo o mundo travavam lutas sem trégua para o seu aperfeiçoamento. Joseph John Thompson, Thomas Alva Edison, Lee de Forest, John Ambrose Fleming e Irving Langmuir construíram as primeiras válvulas. Guglielmo Marconi recebeu em 1909 o Prêmio Nobel de Física.

Sem intenção de contestar a história, este capítulo não teria a sua efetiva abrangência se não mencionássemos as experiências do padre Roberto Landell de Moura, o "homem que apertou o botão da comunicação". Nascido em 21 de janeiro de 1861 em Porto Alegre, iniciou seus estudos no Colégio dos Jesuítas da cidade de São Leopoldo, onde concluiu com grande brilhantismo o curso de humanidades. Aos 18 anos, Landell seguiu para o Rio de Janeiro, antiga Capital Federal, onde, na Escola Politécnica do Distrito Federal, deu início aos seus estudos na área científica.

Em busca de mais conhecimentos, transferiu-se para Roma, Itália, onde desenvolveu estudos na área de ciências químicas e físicas, na Universidade Gregoriana, e no campo religioso, no Colégio Pio Americano. Foi na capital italiana que o jovem seminarista Landell de Moura amadureceu as primeiras ideias em torno de sua teoria sobre a unidade das forças físicas e a harmonia do universo.

Em 1886, ordenou-se sacerdote na Europa e regressou ao Brasil para iniciar seu trabalho religioso no Rio de Janeiro. Já em 1892, encontrava-se em Campinas, São Paulo, onde foi pároco, dedicando-se simultaneamente ao ministério sacerdotal e a seus estudos científicos e promovendo na cidade as primeiras experiências de radiodifusão do mundo.

A revolucionária demonstração do padre Landell de Moura consistiu em levar sua voz a grandes distâncias sem a utilização de fios. Isso lhe custou caro, pois a opinião pública não aceitou seu trabalho científico, rotulando-o de padre renegado, herege e bruxo.

O padre recebia as constantes transferências de uma cidade para outra e as injustiças de seus superiores com muita paciência e resignação. Em 1902, após anos de exaustivos esforços com a intenção de conciliar seu ministério na Igreja com seu trabalho de cientista, inventor e pesquisador, transferiu-se para Nova York.

Pretendia permanecer nos Estados Unidos por seis meses, que acabaram se transformando em três anos. Além de aperfeiçoar seus conhecimentos, suas descobertas foram consideradas tão revolucionárias que, para obter as patentes tão desejadas, foi obrigado a construir um modelo de cada equipamento para demonstração de sua funcionalidade.

Cumpriu todas as formalidades e conseguiu, nos Estados Unidos, as seguintes patentes: nº 771.917, de 11 de outubro de 1904, para transmissor de ondas; nº 775.337, de 22 de outubro de 1904, para telefone sem fio; nº 775.846, de 22 de outubro de 1904, para telégrafo sem fio.

De volta ao Brasil, em 1905, pretendia o padre Landell de Moura doar seus inventos, com as respectivas patentes, ao governo brasileiro. Escreveu ao presidente da República, Francisco de Paula Rodrigues Alves, solicitando dois navios da esquadra brasileira, a serem utilizados na Baía da Guanabara, para uma demonstração pública de seus inventos.

O presidente designou, então, um de seus assessores para conversar com o padre a fim de determinar as suas reais necessidades. Em razão da complexidade das explicações de Landell de Moura ao assessor – que não compreendia nada sobre o assunto –, este pediu que o presidente desconsiderasse o pedido, dizendo ser o padre um lunático.

No dia seguinte, um telegrama gentil da Presidência da República informou ao padre Roberto Landell de Moura que, lamentavelmente, não seria possível atender a seu pedido, ele deveria aguardar outra oportunidade. Fato lastimável, já que, caso o padre houvesse sido atendido, a história das transmissões por rádio poderia ter sido iniciada em nosso país naquele momento.

Em 1927, Landell de Moura foi nomeado cônego do Cabido Metropolitano de Porto Alegre e, no mesmo ano, elevado à dignidade de monsenhor pelo Vaticano. Morreu em 30 de julho de 1928, aos 67 anos, rodeado de amigos e fiéis.

Assim, só nos resta o consolo de dizer que o padre Roberto Landell de Moura foi um brasileiro que viveu à frente de seu tempo.

PRIMEIRA TRANSMISSÃO DE RÁDIO NO BRASIL

A data de nascimento do rádio no Brasil é tema de controvérsia; os pais são muitos e as datas, diversas. Alguns historiadores afirmam que o nascimento do rádio ocorreu exatamente no dia 6 de abril de 1919, no Recife, quando foi fundada a Rádio Clube de Pernambuco, por Oscar Moreira Pinto. No entanto, há relatos oficiais que afirmam que a primeira locução transmitida no rádio aconteceu no dia 7 de setembro de 1922, durante a exposição comemorativa do centenário da Independência.

Os organizadores dessa exposição sabiam que aquela data ficaria marcada na história em decorrência das novidades apresentadas, dentre elas a Semana de Arte Moderna e a grande novidade tecnológica: o rádio.

Por meio de oitenta receptores especialmente importados para a ocasião, membros da sociedade carioca puderam ouvir o discurso do então presidente da República, Epitácio Pessoa, que, além de ser ouvido no recinto da exposição, chegou também a Niterói, Petrópolis e São Paulo graças à instalação de uma retransmissora no Corcovado e de aparelhos de recepção nesses locais. A Westinghouse instalou um transmissor com quinhentos watts de potência no alto do Corcovado para possibilitar a transmissão. Algumas outras transmissões foram feitas do Teatro Municipal nos dias subsequentes. A iniciativa atraiu a atenção da sociedade da época, mas não existia um projeto que possibilitasse a continuidade das transmissões, que foram encerradas logo em seguida.

A PRIMEIRA EMISSORA DE RÁDIO

Os equipamentos utilizados na primeira transmissão radiofônica, entretanto, deveriam ser retirados ao término da exibição, fato que levou o médico e antropólogo Edgard Roquette Pinto, juntamente com o professor de física Henrique Morize e um grupo de membros da Faculdade de Medicina, a pleitear a instalação definitiva de uma emissora de rádio, objetivo alcançado já no ano seguinte, com a fundação da Rádio Sociedade do Rio de Janeiro (PRA2). A partir de 20 de abril de 1923, pudemos considerar as transmissões de rádio no país uma realidade, porém limitadas a uma emissora de cunho nitidamente educativo.

Depois da criação da primeira emissora oficial do Brasil, muitas outras foram surgindo em todo o país, nas modalidades rádio sociedade e rádio clube. Logo depois, Elba Dias fundou a Rádio Clube do Brasil (PRA-B). Em São Paulo, a primeira emissora foi a Educadora Paulista, inaugurada em 1924 e presidida por Vergueiro Steidel. O princípio era o mesmo: um grupo de pessoas pagava uma mensalidade para a manutenção do equipamento e o salário dos funcionários, e alguns ainda cediam discos para serem ouvidos por todos. Esse modelo, adotado por Roquette Pinto, tornou possível, num primeiro momento, nossa incipiente radiodifusão, que só se tornou um meio de comunicação de massa na década de 1930, com a introdução da rádio comercial e a redução do preço dos receptores.

ROQUETTE PINTO

Conhecido como um dos principais antropólogos do Brasil, Edgard Roquette Pinto (1884-1954), "o pai do rádio" do país, demonstrou grande interesse pelos meios de comunicação, em especial pelo rádio. Em situação embrionária no Brasil, Roquette previu imediatamente o seu uso como um difusor de cultura popular.

O sucesso da primeira irradiação no Brasil, em 1922, foi o estopim do surgimento da primeira emissora oficial brasileira. Edgard Roquette Pinto passou à história brasileira como pioneiro do rádio nacional, porque fundou a Rádio Sociedade do Rio de Janeiro, em 1923, logo após a primeira transmissão oficial do rádio no Brasil.

Roquette Pinto era, acima de tudo, um brasileiro comprometido com a educação e viu naquela nova tecnologia de comunicação, o rádio, um instrumento decisivo para levar informação e conhecimento a crianças e jovens de todo o país.

RÁDIO CLUBE DE PERNAMBUCO

Segundo pesquisas que sempre reivindicaram reconhecimento oficial, a Rádio Clube de Pernambuco foi a primeira rádio a ser implantada no Brasil. Ela pode ter sido também a primeira emissora de rádio da América Latina. Foi fundada em 6 de abril de 1919 por um grupo de amadores, curiosos pela nova modalidade de comunicação da época e liderados por Augusto Joaquim Pereira.

As primeiras instalações da emissora se situaram no Parque Treze de Maio. No início da década de 1920, a Rádio Clube recebia discos emprestados de seus sócios e transmitia óperas, obras clássicas e recitais, que eram ouvidos por meio de inúmeros rádios receptores construídos de forma artesanal e acompanhados por fones de ouvido. Sua programação era destinada às classes média e alta. Até os anos 1930, fase em que a Rádio Clube de Pernambuco se consolidava, todas as emissoras brasileiras funcionaram sem regulamentação oficial da atividade de radiodifusão pelo governo federal.

Em outubro de 1935, o governo federal tornou a Rádio Clube de Pernambuco uma empresa de radiodifusão oficial, conforme decreto assinado pelo então presidente da República, Getúlio Vargas.

OS LOCUTORES E OS ESTÚDIOS NO INÍCIO DO RÁDIO

A partir de 1927 começa a era eletrônica do rádio. O som dos discos não mais precisava ser captado pelo microfone, pois o toca-discos tinha sido conectado a uma mesa de controle de áudio e seu volume podia ser ajustado eletronicamente. Com estúdios mais ágeis, a produção dos programas radiofônicos foi aprimorada.

Na época não existiam escolas para a formação de radialistas. Foram os radioamadores os primeiros locutores, por já possuírem experiência com microfones. Geralmente se fazia uma programação cultural, tanto que o slogan da rádio de Roquette Pinto era: "Trabalhar pela cultura dos que vivem em nossa terra e pelo Brasil". A programação consistia em música erudita, conferências e palestras que não despertavam o interesse do ouvinte.

POPULARIZAÇÃO DO RÁDIO

Não era só a programação que não permitia que o rádio se tornasse um veículo de massa, mas também a dificuldade de as pessoas adquirirem um aparelho receptor. Eram relativamente caros, pois tinham de ser importados. As emissoras eram mantidas com mensalidades pagas por aqueles que possuíam os aparelhos receptores e com donativos de entidades particulares, pois os anúncios praticamente inexistiam.

Na década de 1930, o presidente Getúlio Vargas sancionou uma lei autorizando a propaganda no rádio, que então começou a se popularizar, voltando-se para o lazer e o entretenimento. Em vez dos concertos e palestras passou a executar músicas populares, reservando horários para humorísticos e para os famosos programas de auditório.

Nessa época, os empresários notaram que o rádio era um veículo eficaz para difundir seus produtos, principalmente em decorrência do grande número de analfabetos no país. A elevação da quantidade de anúncios pagos possibilitou ao rádio crescer.

No começo da década de 1930, com o início da publicidade no rádio, o veículo se consolidou, adquirindo grande prestígio entre a população com os primeiros programas humorísticos, musicais, transmissões esportivas, radiojornalismo e as primeiras novelas. No período entre 1932 e 1937, foram instaladas 42 novas estações de rádio, que se somaram às 16 já existentes desde 1923, perfazendo um total de 58 estações, número que aumentaria para 106 em 1944 e 111 em 1945. No que se refere aos aparelhos radiorreceptores, totalizavam 357.921 em 1939, ; em 1942, já havia 659.762 aparelhos licenciados.

RÁDIO NACIONAL

A Rádio Nacional é responsável por uma das passagens mais marcantes da história do rádio, mantendo-se na liderança da radiodifusão no Brasil por mais de vinte anos. Fazia parte de seu elenco o que havia de melhor no mundo artístico. A sua fase de ouro durou até 1955, com programas que marcaram época.

Sua inauguração ocorreu em 1936, na cidade do Rio de Janeiro, sendo dona do prefixo PRE8. Com suas transmissões em ondas médias e curtas, atingia todo o território nacional e até outros países. Possuía qualidade artística e técnica, uma vez que contratava os melhores profissionais e dispunha do equipamento mais moderno.

A concorrência na época levou as emissoras a uma disputa inédita pela audiência. Surgiram as radionovelas, com o objetivo de criar um público fiel à emissora, e programas musicais, humorísticos, esportivos, infantis, femininos, brincadeiras de auditório etc.

Contudo, entre 1935 e 1937, o país viveu um clima de perseguição política. As eleições estavam marcadas para janeiro de 1938. Em novembro de 1935, depois de sufocar a Intentona Comunista, o governo colocou na ilegalidade a principal força de oposição, a Aliança Nacional Libertadora. Percebendo o perigo vermelho, o governo denunciou, na *Hora do Brasil*, um plano pretensamente preparado pelos comunistas para tomar o poder. No dia 10 de novembro de 1937, após a criação de toda uma situação de ameaça às instituições e de uma suposta necessidade de "endurecimento" do regime, o país passou a viver o Estado Novo. Foi durante esse processo de controle, censura e construção da identificação entre o público e o privado, o Estado e a sociedade civil, sem intermediários, que o governo, pelo decreto-lei n. 2.073, determinou a encampação da Rádio Nacional.

ANTIGOS LOCUTORES DE PROGRAMAS DE AUDITÓRIO

Grandes apresentadores de programas de auditório foram surgindo, como Nelson de Oliveira, Paulo Gracindo, Renato Murce e César de Alencar. Não era só o Rio de Janeiro que se destacava na radiodifusão. O pioneirismo dos programas de auditório coube à Rádio Kosmos de São Paulo; a partir de então o público pôde participar das transmissões. A liderança paulista era da Rádio Record, e o grande astro da terra da garoa era Vital Fernandes da Silva, o Nhô Totico, que permaneceu no ar por trinta anos.

Nhô Totico tinha dois programas diários: um para crianças, às 18h30 (*Escolinha da dona Olinda*), e outro para adultos, às 22h. Ambos se passavam na Vila Arrelia, com vários personagens, todos encenados pelo próprio Nhô Totico. O mais incrível é que ele nunca escreveu um roteiro: o programa era ao vivo e totalmente improvisado.

RAINHAS E REIS DO RÁDIO

O pós-guerra foi marcado pelos concursos de rainha e rei do rádio, destacando-se nesse período a cantora Dircinha Batista, que ganhou o título em 1948, mantendo-o por onze anos. Esses concursos cativaram os ouvintes, que formaram fã-clubes, elegendo seus ídolos anualmente.

Os programas de auditório foram os grandes descobridores de talentos da música. Foram responsáveis por uma fase que marcou a música popular brasileira. Os concursos para eleger a rainha do rádio influenciaram muito o crescimento do mercado fonográfico na época. Quanto maior fosse a vendagem de discos do artista, maior a pontuação na eleição para rei ou rainha do rádio.

O rádio transformou simples pessoas em astros da música popular brasileira. Criou mitos e elegeu estrelas como Carmen Miranda, Emilinha Borba, Orlando Silva, Francisco Alves, Marlene, Cauby Peixoto, Ângela Maria, Adelaide Chiozzo, Linda Batista, Aurora Miranda, Doris Monteiro, Carlos Galhardo, Aracy de Almeida e outros.

ESPORTE NO RÁDIO

Foi na década de 1950 que o esporte ganhou adeptos pela irradiação de jogos de futebol, principalmente em épocas de Copa do Mundo. Muitos *speakers* (locutores) tiveram seu nome vinculado ao esporte, como Geraldo José de Almeida, Oduvaldo Cozzi, Pedro Luis, Jorge Curi, Paulo Planet Buarque, Ary Barroso, que tocava uma gaitinha na hora do gol, e Nicolau Tuma, apelidado de locutor-metralhadora por falar mais de 180 palavras por minuto. Uma pesquisa realizada em 1955 estimava em 477 as emissoras de rádio existentes, com aproximadamente meio milhão de aparelhos receptores. Esses números vinham ao encontro do pensamento quase profético de Roquette Pinto sobre a popularização desse meio de comunicação.

GETÚLIO VARGAS E O RÁDIO, UMA CONVERGÊNCIA DE HISTÓRIAS[10]

A Era Vargas gerou grande impulso ao rádio brasileiro. Entre 1930, como chefe do governo provisório instalado com a Revolução, e 1945, quando deixou o poder, Getúlio Vargas manteve estreita ligação com o rádio. Nesse período de quinze anos atuou sistematicamente como o maior incentivador do meio de comunicação de massa de maior apelo e alcance naquele período. Utilizou o

---

10 Como fonte de consulta para este item, o autor utilizou-se de relatos publicados pela professora doutora Sonia Virgínia Moreira (2004, p. 117-24).

rádio para disseminar seu projeto de integração nacional, para fazer a divulgação da imagem e dos produtos brasileiros no exterior e, em especial, para se fazer ouvir pelos brasileiros habitantes de todas as regiões.

Com a ajuda do rádio, transformou-se em uma figura lendária. Também foi responsável pelas leis que serviram como base para toda a legislação existente no campo da radiodifusão brasileira. Mais do que Roosevelt, que nos Estados Unidos foi identificado como Presidente do Rádio, Getúlio foi ao mesmo tempo incentivador e primeiro controlador do sistema de radiodifusão.

Em 1º de maio de 1937, Getúlio Vargas enviou uma mensagem ao Congresso Nacional na qual enfatizou a necessidade de ampliar a radiodifusão no Brasil. Conforme suas orientações, o rádio deveria estar presente mesmo nas pequenas comunidades, sendo necessária a instalação de aparelhos radiorreceptores providos de alto-falantes, em condições de proporcionar a todos os brasileiros, sem distinção de sexo ou idade, momentos de educação política e social, informes úteis aos seus negócios e toda a sorte de notícias tendentes a entrelaçar os interesses diversos da nação.

AUTORIZAÇÃO DA PROPAGANDA NO RÁDIO

Em março de 1932, o presidente Getúlio Vargas autorizou a veiculação de publicidade pelo rádio, o que lhe deu um novo rumo e transformou seu aspecto cultural e erudito em popular, visando ao comércio e à diversão.

O rádio evoluiu rapidamente em todo o país, a ponto de preocupar o governo, o que levou à criação do Departamento Oficial de Propaganda (DOP), depois transformado no Departamento de Imprensa e Propaganda (DIP). Esse novo departamento tinha o poder de fiscalizar e censurar a programação das emissoras de rádio.

No início daquela década, também foi instituída a Comissão Técnica do Rádio, cujo objetivo foi examinar os assuntos relacionados com a radiodifusão, que crescia em todo o Brasil. Em consequência, foi promulgado um decreto do governo federal, no ano de 1932, que definiu o rádio como um "serviço de interesse nacional e de finalidade educativa", limitando a publicidade radiofônica a até 10% da programação transmitida pelas emissoras.

ADEMAR CASÉ

Ademar Casé é considerado o primeiro grande vendedor de aparelhos radiofônicos. Utilizava-se de um artifício de vendas já empregado pelos norte-americanos; a técnica consistia em visitar os possíveis clientes interessados em adquirir um rádio e lá deixar ligado à tomada um aparelho novinho em folha, tirado da caixa. O cliente não lhe pagaria nada nos primeiros dias. Acontece que Casé tinha um programa de rádio e pelo microfone mandava um alô aos ouvintes que experimentavam a novidade. Era suficiente para que o rádio não saísse mais da casa. Depois, só precisava voltar para fechar o negócio. Transcrevo a seguir um trecho do livro de Rafael Casé (Mauad, 1995, p.33), que conta com detalhe como a transmissão do *Programa Casé* era aguardada pelas pessoas.

> O Programa Casé também conseguiu mudar a rotina dos domingos na década de 1940: é cedo, mas estão todos reunidos em volta de um aparelho de rádio – pai, mãe, crianças, avó, vizinhos e até aquela tia solteirona que mora no subúrbio, mas que não perde um almoço domingueiro, nem a oportunidade de se deleitar ao som dos grandes astros do broadcast nacional. O rádio era assim. Tinha esse poder de reunir a família e de ser o centro das atenções. O aparelho de rádio passava a ocupar um lugar de destaque na sala de estar de qualquer família. Enfeitava-se o equipamento com toalhas de crochê feitas com carinho pelas mulheres mais velhas da casa. Era nesse contexto que o Programa Casé entrava no ar.

INFLUÊNCIAS DO RÁDIO NORTE-AMERICANO

Na década de 1920, os Estados Unidos já tratavam como assunto de importância as boas relações com seus vizinhos na América Latina. O rádio foi o melhor instrumento de ação política e social para interligar norte-americanos e brasileiros. Nessa época, por influência norte-americana, o Brasil tornou-se o primeiro país da América Latina a possuir um sistema oficial de rádio tutelado pelo Estado.

Nessa fase, termos do inglês como broadcaster (apresentador de programa), broadcasting (transmissão ou programação radiofônica) e speaker (locutor) eram comuns na linguagem do rádio, demonstrando uma evidente influência da radiodifusão norte-americana, usada no Brasil como modelo. Desse modo, associado aos padrões tecnológicos dos Estados Unidos, o rádio representou um papel de grande utilidade para o projeto político do Estado de Segurança Nacional, devido à velocidade e a amplitude com que permitiu a difusão de mensagens. E não só isso: no caso do Brasil, o meio adquiriu particular importância em decorrência do elevado índice de analfabetismo que, entre a população de idade superior a 18 anos, era de 56,4% em 1940.

HORA DO BRASIL

Em uma época marcada pela forte intervenção do Estado na vida das pessoas, o regime implantado em 1930 transformou o rádio em instrumento ideológico. Pela lógica dos donos do poder no pós-1930, a radiodifusão serviria para consolidar uma unidade nacional necessária à modernização do país e para reforçar a conciliação entre as diversas classes sociais.

Nessa linha de raciocínio, em 22 de julho de 1935, o governo criou o programa Hora do Brasil, levado ao ar diariamente, das dezenove às vinte horas, horário em que a maioria das pessoas já se encontrava na condição de ouvinte. O programa promovia irradiação de discursos, narração dos atos do governo, empreendimentos e iniciativas governamentais, descrição das regiões percorridas pela comitiva presidencial, apresentação de notícias de livros lançados no país, obras dos grandes compositores do passado e do presente, noticiário internacional e boletins meteorológicos.

INÍCIO DO RADIOJORNALISMO

A Segunda Guerra Mundial praticamente direcionou o rádio para o campo jornalístico, considerando-se os recursos de comunicação então existentes e o fato de a transmissão radiofônica superar em agilidade qualquer outro meio.

Os gravadores magnéticos, utilizando um fio metálico, representaram um recurso apreciável não só para as forças armadas como para os jornalistas que trabalhavam no rádio. Foram, também, precursores dos equipamentos que apareceram no pós-guerra, enriquecendo a técnica de registro, edição e preservação dos acontecimentos de significado histórico – sempre com a indispensável presença do rádio e de seus profissionais.

REPÓRTER ESSO

O programa Repórter Esso teve um grande papel na história do radiojornalismo brasileiro. A partir de seu surgimento, no ano de 1941, várias rádios procuraram, além de retransmiti-lo, imitá-lo. O noticiário, patrocinado pela Standard Oil of New Jersey (Esso), foi idealizado pela agência de publicidade McCann-Erickson e produzido pela agência de notícias United Press Associations (UPA). Ao longo de sua existência, o noticiário acompanhou os principais fatos sociais, políticos e econômicos da história do mundo e do país. Muitas gerações o ouviram e cresceram acreditando em tudo que o Repórter Esso noticiava.

O padrão austero e preciso do Repórter Esso pôde ser acompanhado até 1968. Foram 27 anos de um radiojornalismo que procurava mostrar, diariamente, os principais fatos ocorridos no Brasil e no mundo. Era, como dizia seu slogan, a "testemunha ocular da história".

Foi um dos poucos programas da época em que o locutor teve uma preparação especial. Heron Domingues, que durante dezoito anos comandou o *Repórter Esso*, foi preparado pela United Press International (UPI), estando, portanto, no mesmo nível dos melhores locutores norte-americanos da época.

O programa foi a primeira síntese noticiosa do radiojornalismo mundial, concebida com caráter globalizante. Já existia nos Estados Unidos desde 1935; a partir de então se estendeu para quase todos os países da América Latina.

O *Repórter Esso* é considerado, na história das comunicações do país, a mais importante compilação noticiosa do rádio.

CRONOLOGIA HISTÓRICA DA RADIODIFUSÃO[11]

24 DE MAIO DE 1844 – Samuel F. B. Morse envia a primeira mensagem por meio do telégrafo, o primeiro sistema de comunicação de longa distância que o mundo conheceu.

1850 – O alemão Daniel Ruhmkoff inventa um aparelho capaz de transformar baixa tensão de uma pilha em alta tensão: surge o primeiro emissor de ondas eletromagnéticas.

1853 – O físico australiano Julius Willheim Gintl prova ser possível enviar várias mensagens simultaneamente por uma única linha telegráfica.

1867 – O alemão Siemens cria o dínamo.

1875 – Surge o primeiro serviço permanente de notícias por cabo. No mesmo ano, Alexander Graham Bell inventa o transdutor magnético, ou microfone.

1877 – Émile Berliner torna o microfone um equipamento personificado e Thomas A. Edison registra o som em cilindros.

1893 – O padre e cientista brasileiro Roberto Landell de Moura realizou a primeira transmissão falada, sem fio, por ondas eletromagnéticas. Sua experiência mais importante – praticamente desconhecida do mundo – foi em São Paulo, quando fez uma transmissão por telegrafia sem fio do alto da avenida Paulista para o alto de Santana. Todos os equipamentos usados foram inventados pelo próprio Landell de Moura, com patentes registradas no Brasil em 9 de março de 1901.

1895 – O russo Aleksandr S. Popov inventou uma antena capaz de receber frequências baixas, na faixa de 30 kHz. No mesmo ano,

---

[11] O conteúdo deste tópico tem por base o site do Ministério das Comunicações e está disponível em: <http://www.mc.gov.br/o-ministerio/historico/historia-da-radiodifusao>. Acesso em nov. 2008.

próximo à região da Bolonha, na Itália, Guglielmo Marconi conseguiu realizar o que ficou conhecido como a primeira transmissão de sinais sem fio por uma distância de, inicialmente, quatrocentos e, em seguida, dois mil metros.

2 DE JUNHO DE 1896 – O italiano Marconi registra, na Inglaterra, uma patente para um sistema de comunicações sem fio, que mais tarde usa para receber e transmitir sinais em código Morse em um raio de até três quilômetros de distância.

1899 – É realizada uma transmissão de 42 quilômetros entre dois cruzadores franceses equipados com o dispositivo Ducretet/Popov. Mais tarde, em 28 de março do mesmo ano, Marconi vai mais longe e faz uma transmissão através do Canal da Mancha, enviando sinais de Dover (Inglaterra) para Wimereux (França).

1900 – Marconi consegue a patente de um processo que permite ao operador do equipamento selecionar um comprimento específico de onda. Em fevereiro desse ano, surge a primeira estação comercial, localizada na ilha alemã de Borkum.

1901 – Marconi realiza a primeira transmissão transatlântica. Usando o código Morse, o cientista consegue uma transmissão entre Poldhu, na Cornualha (Reino Unido), e St. John, em Newfoundland (Canadá).

1903 – É criada a Telefunken, com a união da Siemens e da Allgemeine Elektizitats Gesellschaft. Também nesse ano, Gustave Ferrie instala uma estação de telégrafo de longa distância na Torre Eiffel, o que permite que o *London Times* e o *New York Times* recebam informações sobre o andamento da guerra entre a Rússia e o Japão. Ainda não era possível transmitir sons, apenas sinais.

1904 – Landell registra a patente do transmissor de ondas, do telefone sem fio e do telégrafo sem fio nos Estados Unidos. O inglês John Fleming inventa o diodo, uma válvula iônica de dois eletrodos que enfim possibilita a transmissão do som. Imediatamente, uma estação de radiotelegrafia é construída na Costa Adriática, no principado de Montenegro.

1905 – A Marinha de Guerra do Brasil realizou várias experiências com a telegrafia por centelhamento no encouraçado Aquidabã. É criado o Ato do Telégrafo sem Fio (*Wireless Telegraph Act*), no Canadá, que estabelece regras para a obtenção de licença para a telegrafia. No mesmo ano, ocorre a primeira comunicação sem fio da Espanha, realizada entre El Ferrol del Caudillo e La Coruña. São descobertas as propriedades da galena (*lead sulphide*) na detecção de sinais radioelétricos.

1906 – O norte-americano Reginald Fessenden constrói o primeiro alternador de alta frequência e realiza a transmissão da voz humana pelo rádio. Em 25 de outubro, Lee de Forest patenteia, nos Estados Unidos, o tríodo – uma válvula de três eletrodos que permite a detecção, transmissão e amplificação dos sinais de rádio.

1908 – O rádio descobre sua vocação de prestação de serviços com a adoção do sinal SOS, de socorro, internacionalmente.

13 DE JANEIRO DE 1910 – A tripulação de um navio em alto-mar – a vinte quilômetros da terra firme – consegue ouvir a famosa voz do tenor italiano Enrico Caruso graças a uma transmissão do Metropolitan Opera House, em Nova York.

1913 – Surge a Wireless Society de Londres, na Inglaterra, que se tornaria mais tarde a Radio Society da Grã-Bretanha.

1915 – Na Alemanha têm lugar as primeiras transmissões internacionais de programas diários de notícias.

1920 – Surgem, na França, os rádios a pilha, vendidos com outra inovação: fones de ouvido. Nesse período, o jornalismo ocupa parte importante da programação, ganhando um caráter de seriedade econômica depois que a Holanda lança moda ao começar a transmitir o movimento da bolsa de Amsterdã mesclado com o noticiário econômico.

1922 – Já existem estações de rádio com programações regulares em quase todo o mundo, incluindo-se aí Argentina, Canadá, União Soviética, Espanha e Dinamarca. Em 7 de setembro do mesmo ano, o discurso do presidente da República, Epitácio Pessoa, em comemoração ao centenário da independência do Brasil é transmitido via rádio; trata-se da primeira transmissão oficial pelo novo veículo de comunicação. Foram importados oitenta receptores de rádio especialmente para o evento. Em outubro, nasce a britânica British Broadcasting Company (BBC), paralelamente às primeiras estações de rádio em Xangai, na China, e em Cuba.

1923 – A Itália nacionaliza o rádio por decreto real. Ainda em 1923, a França segue o exemplo e transforma o rádio em monopólio estatal. Edgard Roquette Pinto – considerado o pai do rádio brasileiro – e Henrique Morize fundam, em 20 de abril, a primeira rádio brasileira: a Rádio Sociedade do Rio de Janeiro, criada para atuar sem fins comerciais. Enquanto isso, o Japão termina de regulamentar o funcionamento do rádio, optando por banir a publicidade nesse meio de comunicação.

1924 – A Suécia cria o modelo de estação de rádio sem anúncios e com um propósito claramente educativo.

1926 – No Japão, a criação da NHK (Nippon Hoso Kyokai) institui o monopólio estatal no país – a companhia acaba incorporando as rádios privadas existentes. Nessa mesma época, no Brasil, começa a operar a Rádio Mayrink Veiga, mais precisamente no Rio de Janeiro.

1929 – O Vaticano cria sua primeira rádio, que foi oficialmente inaugurada em 1931.

1932 – O decreto nº 21.111, de 1º de março, que regulamentou o decreto nº 20.047, de maio de 1931, primeiro diploma legal sobre a radiodifusão, define o rádio como "serviço de interesse nacional e de finalidade educativa". O decreto nº 21.111 também autoriza a veiculação de propaganda pelo rádio, limitando sua manifestação, inicialmente, a 10% da programação.

1934 – É criada a South American Radio Broadcasting Union (Sarbu), entidade que reúne os países latino-americanos.

1935 – Brasil, Argentina, Chile, Bolívia, Paraguai e Uruguai assinam tratado de cooperação técnica em radiodifusão. A Rádio Jornal do Brasil, do Rio de Janeiro, cria vários programas de notícias.

1936 – É fundada a Rádio Nacional do Rio de Janeiro, que foi a primeira em audiência por mais de vinte anos.

1938 – Inaugurou-se o programa *Hora do Brasil*.

30 DE OUTUBRO DE 1938 – Orson Welles vai ao ar deixando milhares de pessoas em pânico com a certeza de que a Terra estaria sendo invadida por extraterrestres, após a transmissão de *Guerra dos mundos*, peça do escritor H. G. Wells.

1939 – A Alemanha de Hitler proíbe a audiência de rádios estrangeiras. O segundo passo ocorre em 1940, quando as rádios alemãs passam a transmitir a mesma programação de caráter ultranacionalista, já totalmente sob o domínio nazista. O presidente francês, general Charles de Gaulle, também usa o rádio como instrumento de mobilização ao apelar, pela BBC, em Londres, para que os franceses resistissem aos ataques alemães.

1940 – O decreto-lei nº 2.073, do presidente da República Getúlio Vargas, criou as Empresas Incorporadas ao Patrimônio da União, que, entre outras ações, encampou a Rádio Nacional, de propriedade do grupo A Noite.

1941 – Surge o *Repórter Esso*, criado pela Rádio Nacional, durante a Segunda Guerra Mundial. O programa ficou no ar até 1968.

1942 – É criado o *Grande Jornal Falado Tupi*, da Rádio Tupi, de São Paulo. A Rádio Nacional do Rio de Janeiro leva ao ar a primeira radionovela: *Em busca da felicidade*.

1944 – A resistência é avisada, por intermédio de mensagens codificadas, de um iminente desembarque dos aliados na Normandia, no famoso Dia D.

15 DE AGOSTO DE 1945 – O imperador do Japão anuncia a rendição do país, por rádio, depois das bombas nucleares de Nagasaki e Hiroshima. No mesmo ano, o controle do governo japonês sobre o rádio é abolido.

1946 – Surgem os gravadores de fita magnética. Inicia-se a substituição das válvulas retificadoras por retificadores de selênio, material semicondutor em estado sólido, muito menos propício a queimar do que as velhas válvulas a vácuo.

1954 – É criado o Regency TR1, primeiro rádio transistorizado do mundo, lançado nos Estados Unidos.

1985 – A japonesa Sony desenvolve um rádio do tamanho de um cartão de crédito.

1990 – É criada a Rede Bandeirantes de Rádio, a primeira do Brasil a operar via satélite, com setenta emissoras FM e sessenta AM em mais de oitenta regiões do país.

2000 – É lançada na Fenasoft a Rádioficina Online, a primeira rádio web da internet brasileira com locução ao vivo. A interatividade do rádio passa das ondas radiofônicas para a rede internacional de computadores.

2002 – É aprovada emenda constitucional que permite que empresas de comunicação sejam de propriedade de pessoas jurídicas e a entrada de capital estrangeiro no setor.

2005 – Início das transmissões do rádio digital (RDS) no Brasil.

2 PROCESSO DA COMUNICAÇÃO

Para o locutor, a habilidade da fala é tão importante que se torna difícil conceber o seu trabalho no rádio sem a linguagem. Antes de falarmos da linguagem propriamente dita, seria interessante fazermos algumas ponderações sobre o que é voz, o que é fala e, finalmente, o que é linguagem. Por voz entendem-se os sons que produzimos pela laringe. Por fala compreendem-se a articulação e a emissão dos fonemas. E a linguagem se refere ao todo necessário para a comunicação de nossos pensamentos e ideias.

Talvez você já tenha ouvido, alguma vez, um locutor se desculpar no rádio por sua afonia ao microfone, e você mesmo já pode ter ficado sem voz por causa de uma laringite, passando o dia inteiro apontando para o que queria. Imagine, então, o que seria da vida se não houvesse a linguagem. Como seriam o rádio, a televisão, o cotidiano dos músicos, de todos os que vivem em função dos meios de comunicação? É evidente que ainda seria possível a comunicação por meio dos sinais; eles também são uma forma de linguagem. Porém, será que a comunicação seria efetiva? A troca de ideias e pensamentos seria completa? E a criatividade da linguagem seria total? Podemos passar parte de nosso tempo sem ler ou escrever, mas dificilmente passamos sem falar ou ouvir, sobretudo quando tratamos de um veículo tão dinâmico quanto o rádio. Mesmo nos pensamentos usamos o código verbal, pois eles são formados de predicados dali vindos.

FATORES QUE INFLUENCIAM A LINGUAGEM

Costumo dizer que o locutor é no ar o que ele realmente é como pessoa. Ao utilizar uma comunicação clara, direta e objetiva, ele estabelece um vínculo importante com o seu ouvinte. Afinal, influenciamos sobremaneira as pessoas. O radialista, ao fazer uso da palavra, deve ser ético, imparcial e justo na abordagem dos fatos. É essencial manter uma personalidade equilibrada, agregada à inteligência emocional e ao carisma pessoal. Se possuir preparo, cultura, informação, bom vocabulário e conteúdo, executará bem a comunicação, porque exercerá grande influência em sua linguagem.

Na sequência serão listados alguns fatores que influenciam a linguagem, seu uso e desenvolvimento.

Fatores físicos: algumas características físicas exercem grande influência no desenvolvimento da linguagem. Se uma criança não ouve bem, especialmente durante os estágios de aprendizagem consciente referentes ao desenvolvimento da linguagem, é provável que ela aprenda os sons da fala de forma distorcida e, conforme o grau de deficiência auditiva, poderá, inclusive, ser incapaz de desenvolvê-la.

Fatores socioculturais: considerando que a influência do meio na aquisição e desenvolvimento da linguagem é fundamental, já que ela apresenta um fator inato mas é essencialmente aprendida, as pessoas da mesma família desenvolvem padrões de fala assimiláveis. Mesmo comunidades inteiras têm suas formas próprias de comunicação (muito marcadas pelas gírias).

Fatores emocionais: o processo de formação da personalidade de um indivíduo é em parte definido pelo meio de onde ele vem. *Segundo a base teórica de George Meade, a personalidade humana é um produto social desenvolvido e educado quando a interação toma lugar entre a criança que cresce e as pessoas que a rodeiam.* Esse processo de socialização permanece especialmente oral até que a criança adquira a capacidade de ler. Mesmo então, os aspectos orais da socialização continuam mais intensos que os escritos. De acordo com vários psicólogos, a fala parece ter um papel duplo ao determinar a personalidade. Assim, a linguagem dos outros ajuda a criança a desenvolver suas próprias formas de pensamento e reação ao que *eles dizem*. Por outro lado, seu próprio linguajar revela aos que a cercam o que ela quer que eles saibam. A fala é, então, um ingrediente básico no processo de socialização.

—

3 A IMPOSTAÇÃO DE VOZ[12]

Assim como não se pode pensar em cobrir uma casa sem que antes os alicerces e os tijolos sejam colocados, não se pode pensar em impostação de voz sem antes considerar a propriocepção, o relaxamento e a respiração.

PROPRIOCEPÇÃO

Um profissional da comunicação não pode encarar a *propriocepção* de forma secundária. Você precisa conhecer as próprias capacidades e limitações do seu corpo. Grande parte das pessoas acaba ignorando o próprio ritmo vital, desconhecendo a capacidade do corpo e da mente de executar determinada atividade.

Particularmente, conheço algumas peculiaridades de meu corpo, necessárias para uma boa execução de meu trabalho. Como o uso do microfone é uma das minhas principais atividades, sei que preciso ter pelo menos sete horas

---

[12] Para o desenvolvimento deste capítulo, foi utilizado como fonte de consulta o livro *Técnicas de impostação e comunicação oral*, de Léslie Piccolloto Ferreira e Regina Maria Freire Soares. [N. do A.]

de sono por dia, evitar líquidos excessivamente gelados, evitar fazer uma alimentação muito pesada antes de ir para o ar, e assim por diante.

RELAXAMENTO

Procure imaginar-se pela primeira vez diante de um microfone de rádio, tendo de comunicar, entreter, informar e até mesmo convencer as pessoas, sem erros.

Lembro-me, como se fosse hoje, do meu primeiro dia de rádio. Não poderia deixar de ser um dia repleto de trapalhadas no ar, mas mesmo assim me traz saudade. O ouvinte pressente a tensão, a insegurança e o nervosismo do locutor ao microfone.

O relaxamento é um ato muito importante para a boa execução dos trabalhos do locutor. A inspiração e a expiração, de maneira compassada, juntamente com a contração seguida de relaxamento dos músculos das pernas e dos braços, ajudam bastante. Parecem tirar-nos o peso da tensão. Prepare as coisas com certa antecedência, certifique-se dos textos a serem lidos, das músicas a serem executadas e do desenvolvimento simétrico de todo o programa. Entre inúmeros exercícios de relaxamento, existem os cervicais, com giro e elevação dos ombros e rotação lenta do pescoço, acompanhados de profundas tomadas de ar com expiração entrecortada. À medida que fazemos disso algo constante em nosso trabalho, descobrimos certa harmonia entre o corpo e a mente.

Sem a tensão muscular, a voz é produzida de maneira natural, e temos a concentração necessária para a livre execução do nosso trabalho.

RESPIRAÇÃO

Durante a locução, se o locutor não controla o ar expirado, acaba tendo de inspirar várias vezes durante a leitura, o que provoca erros de cadência e pode levar à distorção do significado daquilo que está falando.

A boa coordenação pneumofônica faz que o locutor pause nos momentos corretos e obedeça à pontuação das frases sem diminuir a intensidade da voz no decorrer da leitura. A entonação implica variações da altura do tom na laringe (da frequência das vibrações das pregas vocais). A forma de falar uma palavra durante a locução é muito significativa. A variação da melodia no momento da fala pode mudar o sentido de uma frase. As variações musicais da fala empregam-se de modo muito diferente de acordo com o idioma. No português, pode-se transformar uma afirmação em pergunta unicamente com a ajuda da entonação. Por exemplo: "Ele vem", "Ele vem?".

4 LOCUÇÃO: PRODUÇÃO DA VOZ[13]

A VOZ É UMA CARACTERÍSTICA HUMANA INTIMAMENTE RELACIONADA COM A NECESSIDADE DO HOMEM DE SE AGRUPAR E SE COMUNICAR. Ela é resultado de um trabalho conjunto dos sistemas nervoso, respiratório e digestivo, e de músculos, ligamentos e ossos, atuando harmoniosamente para que se possa obter uma emissão eficiente. As *pregas vocais* (ou cordas vocais) são dois pares de músculos (formando o tireoaritenoideo) que vibram com a passagem do ar para formar a voz. Além de a voz se formar ali, esses músculos situados na laringe também apresentam funções respiratória, alimentar e esfincteriana.

A voz está associada à fala, com a realização da comunicação verbal, e pode variar quanto à intensidade, altura, inflexão, ressonância, articulação e muitas outras características.

À emissão de uma voz saudável dá-se o nome de *eufonia*. A uma voz doente, ou seja, com alguma de suas características alterada, associa-se o conceito de *disfonia*. A

---

13 Para o desenvolvimento dos capítulos 4, 5 e 6, o autor teve como consultoras as fonoaudiólogas Fernanda Rodrigues, Miriam Moraes e Gisele Oliveira, integrantes do Centro de Estudos da Voz (CEV), de São Paulo, sob coordenação da doutora Mara Behlau.

disfonia pode ser orgânica, funcional ou mista (orgânico-funcional). Ela não é uma doença, mas um sintoma, uma manifestação de mau funcionamento de um dos sistemas ou estruturas que atuam na produção da voz.

A disfonia pode e deve ser tratada. O profissional que trata da voz é o fonoaudiólogo (terapeuta da fala). Geralmente esse profissional trabalha em conjunto (em se tratando da voz) com o otorrinolaringologista ou o laringologista.

A voz sofre muita influência de hormônios e de nossas emoções. É comum que pessoas que estão muito tristes ou nervosas fiquem roucas. A rouquidão é um tipo de disfonia.

Nunca devemos nos esquecer de que falamos para o outro. A comunicação, a linguagem verbal, o uso da voz, tudo isso só tem sentido quando temos o outro e quando nos fazemos entender. A voz é um recurso essencial para esse entendimento. Ela pode indicar quando estamos interessados em alguém, quando estamos cansados, quando estamos tristes, alegres, nervosos, quando acabamos de acordar, quando estamos em um ambiente ruidoso, quando estamos calmos ou quando exercemos uma atividade em que a própria voz é o diferencial.

A produção da voz ocorre quando o ar expiratório (vindo dos pulmões) passa pelas pregas vocais e, por nosso comando neural, por meio de ajustes musculares, faz pressões de diferentes graus na região abaixo das pregas vocais, fazendo que vibrem.

Precisamos ter em mente que voz é som, e som significa ondas sonoras. O ar expiratório, que fez as pregas vocais vibrarem, vai sendo modificado e os sons vão sendo articulados (vogais e consoantes).

As pregas vocais vibram muito rapidamente. Nos homens, esse número de ciclos vibratórios fica em torno de 125 vezes por segundo. Na mulher, que tem voz, em geral, mais aguda, o número aumenta para 250 vezes por segundo. A essa característica damos o nome de frequência. Vale recordar que as pregas vocais do homem têm mais massa e são menos esticadas que as da mulher (como ocorre em um violão, as cordas mais esticadas são mais agudas e vibram mais que as cordas mais graves. Daí, inclusive, vem a expressão "cordas vocais").

O TIMBRE DA VOZ HUMANA

O *timbre* da voz humana depende das várias cavidades que vibram em ressonância com as pregas vocais. Aí se incluem as cavidades ósseas e nasais, a boca, a garganta, a traqueia e os pulmões, bem como a própria laringe.

A FREQUÊNCIA DA VOZ HUMANA

A mais baixa *frequência* que pode dar a audibilidade a um ser humano é de cerca de 20 hertz (vibrações por segundo), enquanto a mais alta se encontra entre 10 mil e 20 mil hertz, dependendo da idade de quem ouve (quanto mais idoso menores as frequências máximas ouvidas). A frequência comum de um piano fica entre 40 e 4 mil hertz, e a da voz humana se encontra entre 60 e 1.300 hertz.

COMO SE PRODUZ A VOZ

As pregas vocais, popularmente conhecidas como cordas vocais, são pregas musculares, sendo o espaço entre elas denominado glote. Durante a inspiração, as pregas vocais são abduzidas (abertas) e permanecem nessa posição para que o ar vá aos pulmões.

Durante a expiração, por um controle cerebral, os músculos (intrínsecos) da laringe aproximam as pregas vocais criando uma resistência para a passagem do ar vindo dos pulmões. Tais músculos precisam equilibrar rapidamente sua força de contração em relação à força da corrente aérea. O fechamento e a vibração das pregas vocais são resultantes de um movimento de sucção das cordas, causado pela passagem de um rápido fluxo aéreo pela laringe, provocando uma pressão negativa e, assim, aproximando as pregas vocais. A esse fenômeno damos o nome de efeito de Bernoulli. Quando as cordas aproximam-se, ocluindo a passagem aérea, a pressão subglótica (abaixo das cordas vocais) começa a aumentar até que seja suficiente para separar as pregas novamente.

Quando o ar subglótico consegue escapar por entre as pregas, mais uma vez a pressão diminui, e sua elasticidade e o movimento de sucção aproximam-nas de novo. É por esse processo de aproximação e afastamento das cordas vocais que se produz a voz. Esse mecanismo acontece muito velozmente, sendo que o número de ciclos vibratórios por segundo corresponde ao *tom* da voz.

Quanto maior o número de ciclos vibratórios por segundo, mais aguda a voz (como a de crianças e muitas mulheres, por exemplo), e quanto menor o número de ciclos por segundo, mais grave. Os elementos que determinam a velocidade de vibração das pregas vocais são a massa, o comprimento e a tensão das cordas vocais. A intensidade é a qualidade que diferencia a voz forte da fraca. O som produzido no nível da laringe é de intensidade fraca e é semelhante a um zumbido. Os grandes responsáveis pela intensidade são: caixa de ressonância, força da corrente aérea expirada e comprimento e constituição das pregas vocais. Durante a fala, a intensidade também varia segundo o estado emocional da pessoa que fala.

A *qualidade vocal* (timbre) varia de acordo com o indivíduo, sua idade e sexo, e depende da constituição anatômica e do uso das caixas de ressonância.

Segundo Piccolloto e Soares (1986, p. 43),

> Ressonância significa aumento das vibrações (sons). Assim, o som produzido no nível da laringe, um som fundamental, vai ao encontro das cavidades situadas acima dela (faringe, cavidade nasal, cavidade oral e seios paranasais) e, conforme suas características anatômicas, reforça ou não os harmônicos, dando ao indivíduo seu aspecto vocal (qualidade vocal) final.

DETERMINANTES DA VOZ

Determinantes físicos: o tamanho e a forma da caixa torácica, o comprimento, a grossura e a textura dos ressonadores, o comprimento, a espessura e a densidade das cordas vocais ou até mesmo a velocidade com que os músculos participam da sinergia são determinantes estruturais ligados pela linha de família.

Determinantes psicoemocionais: a voz reflete o dinamismo emocional e intelectual de um indivíduo. Estados de tensão, medo, ansiedade, insegurança, excitação são muitas vezes traduzidos por ela.

Determinantes culturais: a voz também reflete as normas culturais de um grupo social, assim como sua vestimenta ou conduta. Acredita-se que a influência dos meios de comunicação de massa, como o rádio e a televisão, pode resultar em grande flexibilidade das normas e determinar a produção de uma "voz universal".

Altura: é dependente da sinergia entre os músculos intercostais, abdominais e o diafragma, assim como da ação muscular da laringe. No momento em que a onda sonora deixa a laringe, a altura é estabelecida.

Intensidade: este termo é utilizado para descrever o efeito do som sobre o ouvido, podendo ser considerado forte ou fraco.

Qualidade ou timbre: alguns especialistas referem-se aos reguladores como os maiores determinantes da qualidade da voz, chegando a afirmar que essa característica é responsável por diferir uma voz da outra. Nem todos, porém, concordam com tal afirmação, dizendo que a diferenciação também é feita com base no tempo, inflexão e articulação.

5 EXERCÍCIOS PRÁTICOS

No meu início no rádio, não tínhamos técnicas aprimoradas ou métodos estabelecidos de locução como temos hoje. Lembro-me de quanto era difícil para nós, locutores, ouvir dos nossos diretores artísticos observações como: "solte mais a voz", "fale mais para cima", "jogue o timbre para baixo", "respire mais antes de falar", "procure cantar um pouco mais enquanto fala". No entanto, as coisas evoluíram e o tempo nos ensinou muitas técnicas para uma melhor vivência diária com o microfone. A geração atual não precisa cometer os mesmos erros do passado. Para tornar o capítulo mais consistente, buscaram-se no campo da fonoaudiologia métodos utilizados no aprimoramento da voz profissional.

Proponho, a seguir, alguns exercícios práticos a fim de facilitar seu treinamento de locução.

1 Exercícios de relaxamento – relaxamento triangular
Os exercícios de 1 a 4 podem ser realizados dentro do estúdio, durante a execução do trabalho. Procure o momento adequado, geralmente na hora da execução das músicas do programa. Ajeite-se confortavelmente

em sua cadeira e realize com calma essa série de exercícios. Quando desempenhamos funções ao vivo, não nos apercebemos de que somos alvo de diversas situações de ansiedade e estresse. Após quatro horas no ar, falando, operando equipamentos e muitas vezes realizando funções inesperadas, uma leve dor muscular costuma aparecer na altura dos ombros e pescoço. É o reflexo das nossas tensões. Podemos combater seus efeitos desenvolvendo a técnica do relaxamento muscular triangular. Ao final da série, costuma-se obter uma sensação de bem-estar e alívio que se tornam imprescindíveis para o bom desempenho do locutor.

1.1 Circular a cabeça para a esquerda.
1.2 Circular a cabeça para a direita.
1.3 Movimentar a cabeça horizontal, lateral e verticalmente.

2 Relaxamento dos músculos do rosto.
2.1 Fazer caretas para a agilização de todas as partes do rosto.

3 Relaxamento diafragmático.
3.1 Movimentar o baixo-ventre.
3.2 Pronunciar, movimentando o diafragma, as vogais: a, e, i, o, u.

4 Relaxamento das cordas vocais: utilizando equilibradamente as caixas de ressonância.

4.1 Cantarolar uma música de forma anasalada, emitindo um som semelhante a "hum".

5 EXERCÍCIOS CONTRA A SIBILAÇÃO

O sibilo ocorre quando o locutor fala com a língua por entre os dentes, fazendo que o ar seja comprimido entre eles. A pronúncia soa imprecisa ao ouvinte. A locução sibilada pode tornar-se ininteligível e sem nenhuma definição vocabular quando o S é confundido com o F, o F com o V, e assim sucessivamente. A sibilação pode ser originada por causas biológicas, como a má-formação da arcada dentária, ou apenas por vícios da fala. Neste exercício você deverá forçar ao máximo a colocação da língua por trás dos dentes.

5.1 Zi... Si.
5.2 Ji... Chi.
5.3 Vi... Fi.
5.4 Bi... Pi.
5.5 Di... Ti.
5.6 Gui... Qui.
5.7 F...V. F...V. F...V.
5.8 S...Z. S...Z. S...Z.
5.9 X...G. X...G. X...G.

6 EXERCÍCIOS PARA PROBLEMAS DE ARTICULAÇÃO DO R:

durante a fala, muitas atitudes estão envolvidas. É importante articular bem as palavras, pois a verbalização deve ser clara, para que a frase tenha sentido e possa ser compreendida pelo ouvinte. O movimento articulatório dos fonemas, que se subdividem em consoantes e vogais, pode sofrer variações tanto entre palavras como de um indivíduo para outro. O aparelho articulatório é formado por palatos mole e duro, língua e protuberância alveolar, sendo que os dois primeiros são chamados de órgãos passivos. Para poder identificá-los basta colocar a língua no céu da boca e senti-los. A parte da frente é o palato duro e a parte de trás o palato mole. A articulação travada se apresenta quando esse conjunto de órgãos não é usado corretamente. Uma de suas causas mais frequentes é a própria tensão emocional no momento da fala. Procure observar também a respiração e as divisões de frases em conjunto com a pontuação do texto. Para melhorar a articulação leia frases de textos variados de forma lenta e melodiosa. Aproveite ao máximo os movimentos bilabiais, ou seja, aqueles em que o lábio superior toca o inferior. Procure pronunciar bem os sons do S e do R.

6.1 baR – baR – baR | deR – deR – deR
| feR – feR – feR | quiR – quiR – quiR.

6.2 joR – joR – joR | loR – loR – loR
| muR – muR – murR | peR – peR – peR.

6.3 queR – queR – queR | riR – riR – riR
| soR – soR – soR | toR – toR – toR.

6.4 vuR – vuR – vuR | xaR – xaR – xaR
| zeR – zeR – zeR.

6.5 Terê... Terê... Terê... Trê... Trê... Trê
| Fara... Fara... Fara... Fra... Fra... Fra.

6.6 Viri... Viri... Viri... Vri... Vri... Vri
| Coró... Coró... Coró... Cró... Cró... Cró.
6.7 Duru... Duru... Duru... Dru... Dru... Dru.

7 EXERCÍCIO TERAPÊUTICO DIÁRIO PARA RELAXAMENTO ANTES DE FALAR: procure emitir de forma suave, com baixa intensidade, as sílabas que se seguem:
7.1. Me... Tru... Vê... Zê... Jé.
OBSERVAÇÃO: Comece a fazer o exercício de forma linear, depois repita-o de forma não-sequencial.

8 EXERCÍCIO PARA ALONGAR AS PREGAS VOCAIS: coloque a língua totalmente para fora e percorra as notas musicais, em escala, pronunciando a letra E.

9 EXERCÍCIO DE FONOARTICULAÇÃO: coloque uma pequena rolha ou borracha escolar entre os dentes da frente. Procure ler o texto dos exercícios, pois ao falar dessa maneira você trabalhará os músculos da face, facilitando com isso seu treino.

10 EXERCÍCIO PARA ARTICULAÇÃO: a clareza na locução depende muito do desenho articulatório. Dois dos fatores de maior influência são os socioculturais e os regionais. Quando o locutor articula mal as palavras, o ouvinte pode até não se dar conta do erro, mas nota que durante a fala o locutor não tem clareza. Na articulação imprecisa, detectamos outras limitações. A articulação

resvalante, obscura, tensa e com pouco delineamento acaba prejudicando a fonação. Faça a leitura dos textos ao final dos próximos exercícios em voz alta, pronunciando bem as palavras, procurando articulá-las com a maior precisão possível.

10.1 "O mameluco melancólico meditava e a megera megalocéfala macabra e maquiavélica mastigava mostarda na maloca. Minguadas e mingutas de moagem mitigavam míseras meninas."

11 EXERCÍCIO PARA O DESENVOLVIMENTO DA PRONÚNCIA NA CAVIDADE SUPERIOR: a pronúncia ruim durante a locução tira a compreensão do ouvinte. A locução fica intrincada e sem sequência. Na leitura rápida ou no diálogo, com uma pronúncia ruim o assunto deixará de ter sentido, fazendo que o ouvinte perca a linha de raciocínio. Perceber o que se fala no momento da locução é muito importante, pois somente assim pode-se saber se as palavras, as consoantes, estão sendo ou não pronunciadas corretamente.

11.1 "E há nevoentos desencantos dos encantos dos pensamentos nos santos lentos dos recantos dos bentos cantos dos conventos. Prantos de intentos, lentos tantos que encantam os atentos ventos."

12 EXERCÍCIO PARA ARTICULAÇÃO E RITMO: ao abrir o microfone, observe o ritmo das trilhas e músicas que fazem a base do conteúdo. Sua locução deve entrar no mesmo ritmo para que não se perca a dinâmica. Cuide para que as mixagens entre músicas, trilhas e vinhetas estejam dentro do ritmo da programação. A locução deve manter a velocidade da fala e também adequá-la às diferentes situações, variando conforme as trilhas de fundo.

12.1 "A hidra adriática e o dragão, ladrões do dromedário e do druida, foram apedrejados."

13 EXERCÍCIO PARA DESENVOLVIMENTO DA LEITURA: é na leitura que está toda a forma de expressão e interpretação do locutor. Se ficar a desejar, seu resultado no ar será entrecortado e indefinido. Além disso, o ouvinte não terá a compreensão exata das ideias expostas ao microfone. Muitas pessoas mal começam a ler e baixam a voz, ficando monótonas. Na maioria das vezes é de esperar que isso ocorra com pessoas iniciantes na prática de falar ao microfone. O locutor deve preparar o texto com certa antecedência para poder lê-lo com segurança. Os aspectos da interpretação devem ser observados quanto à pontuação correta e às figuras de linguagem. O locutor deve se preocupar com a simetria do texto a fim de não torná-lo exagerado em momentos que requeiram uma inflexão discreta, sutil ou irônica. Para que você possa melhorar a leitura, procure fazê-la em voz alta, observando a nitidez das palavras durante a fonação. Faça continuamente a leitura de textos variados, procurando dar a eles o colorido e a interpretação cabíveis no momento. A seguir, algumas técnicas de preparo de uma boa leitura:

- Prepare a leitura do texto repetindo-a pelo menos três vezes.
- Sublinhe com uma caneta marca-texto as palavras de difícil pronúncia a fim de verbalizá-las corretamente na hora da leitura.
- Valorize a leitura usando a interpretação e as inflexões naturais da voz, ou seja, module a voz entre os registros graves, médios e agudos, com o intuito de criar movimento.

   13.1 "Estava eu sentado em minha sede, antigo posto onde tem seu porto o mundo alígero, quando ouço um clamor vão de aves agourentas, num incompreensível falatório bárbaro. Percebi que se rasgavam com garras pelo ruído, é claro!"

14 EXERCÍCIO PARA O DESENVOLVIMENTO DA DICÇÃO E DO RITMO BILABIAL: é desagradável ouvir um locutor "engolindo" letras das palavras ou pronunciando mal as frases. A omissão de letras no final das palavras faz que o ouvinte não tenha a compreensão exata do que foi falado. Procure ouvir-se atentamente quando fala, para detectar possíveis omissões de letras, como S, R, L. A dicção tem relação direta com a pronúncia e articulação da fala. Pode-se aprimorar a locução praticando exercícios para fortalecer a musculatura do rosto, que é decisiva no resultado final da pronúncia.

   14.1 "Na boca do beco, na bica do belo, uma brava cadela berrava bau, bau!"

15 Exercício para evitar a locução excessivamente cantada: esse tipo de locução ocorre quando o locutor alonga os finais de frase, unindo-os ao início das próximas. A inflexão demasiada entre os tons graves torna a locução cantada. É comum observarmos essa característica nos locutores de FM, quando "desanunciam" ou falam em cima de músicas. A locução cantada até possui sua graça, quando o objetivo é animar, dar ritmo e movimento à locução. Contudo, evite os excessos, especialmente em noticiários.

15.1 "João valentão postou em seu coração como um gibão da solidão que disse não à condição e segurou na mão do capitão que indagou ao ancião a ambição do cão."

16 Exercício para superar a impostação e locução caricatas: às vezes, o locutor exagera na impostação de voz. O tom se altera, fica carregado. Isso ocorre quando a preocupação é maior com a manutenção de um tom grave de voz do que com a interpretação do texto. A voz deve fluir naturalmente.

16.1 "Do bater das asas alarmado tentei então um holocausto, sobre a pira acesa na ara. Mas da vítima não se erguia asbesto em chama clara e a exúrbia das cochas pingava líquida nas cinzas; fumegava, esborrifava-se. E eis que o fel estourando salta e evapora-se."

17 Exercício para o desenvolvimento das reservas de ar: o aparelho respiratório tem relação direta com a voz.

A boa compreensão por parte do ouvinte ao receber a mensagem depende de uma perfeita coordenação pneumofônica. Ao falar, procure desenvolver a técnica correta de controle entre a respiração e a fala. Observe a divisão de uma frase quanto à sua pontuação. Se possível, divida o texto com barras nos locais em que você deverá respirar. Procure falar o número máximo de palavras sem tomadas de ar.

17.1 Galhudos – gaiolos – estrelos – espácios – cumbucos – cubetos – lobunos – lombardos – caldeiros – cambraias – chamurros – churriados – colombos – cornetos – boiceiros – borralhos – chumbados – chitados – barreiros – silveiros.

18 EXERCÍCIO PARA DESENVOLVIMENTO DA PRONÚNCIA E DA ARTICULAÇÃO: é importante que haja clareza na exposição das ideias. A objetividade é uma das virtudes no rádio, pois a audiência em grande parte é formada pela massa popular. Falar de forma descomplicada o tornará mais acessível ao seu ouvinte. Portanto, se existir no texto alguma palavra de difícil compreensão ou de pouco uso cotidiano, procure esclarecer o significado após mencioná-la. Ao construir uma frase também observe se todas as regras gramaticais estão sendo obedecidas. Formule a frase mentalmente, raciocinando antes de falar. Certifique-se de que não haja erros na conjugação dos verbos e evite expressões que deixem dúvidas, como as de duplo sentido. Ao falar de improviso escre-

va um breve roteiro. Observe, com atenção, a formulação das frases, sendo criterioso no emprego do tempo dos verbos bem como nas ideias apresentadas entre um assunto e outro.

18.1 "Moleques magricelas mergulhavam num mucurro como uma matinada de macacos e a mucama modulando monótonas melodias moía milho e macaxeiras para a moqueca e o munguzá do medonho mercador de mugangalas."

19 EXERCÍCIO PARA RITMO DE LEITURA: é essencial que a locução feita de maneira rápida não fique prejudicada pela velocidade. A clareza e a compreensão do que é falado devem ser mantidas. Por outro lado, devemos cuidar para que a frase não fique arrastada, dando um ar monótono à locução. Muitas vezes, a tendência do locutor a falar depressa vem da influência do sotaque regional, principalmente das regiões Norte e Nordeste do país.

19.1 "Zulu, Zico, Zalo e Zeca zabumbaram a zabumba e soou um zunido sangrado."

20 EXERCÍCIO PARA O DESENVOLVIMENTO DE RITMO COM MUSICALIDADE: é necessário que haja motivação quando se fala ao microfone; o ouvinte precisa ser atraído pelo assunto. O colorido da locução vem da riqueza nas variações de tessitura da voz entre os tons grave, médio e agudo. Prepare bem o texto, verificando os momentos interpretativos, para não parecer alegre em momentos tristes.

20.1 "Boi bem bravo, bate baixo, bota baba, boi berrando... Dança doido, dá de duro, dá de dentro, dá direito... Vai, vem, volta, vem na vara, vai não volta, vai varando..."[14]

21 EXERCÍCIO PARA DESENVOLVIMENTO DA INTERPRETAÇÃO E DA LEITURA: o rádio é destituído de imagem; por isso, o locutor tem de utilizar os recursos da voz para atrair e envolver o ouvinte. A interpretação é diretamente ligada à dinâmica, à velocidade. Deve haver variação interpretativa durante a leitura de uma notícia, de uma dica de show e de cinema, ou seja, de um assunto para outro. Para que a interpretação ganhe corpo e conteúdo, varie a modulação em tons agudos, médios e graves da voz.

21.1 "Em horas inda louras, lindas/ Clorindas e Belindas, brandas,/ brincam no tempo das berlindas,/ as vindas vendo das varandas,/ de onde ouvem vir a rir as vindas/ fitam a fio as frias bandas."[15]

22 EXERCÍCIO PARA DESENVOLVIMENTO DA INTERPRETAÇÃO E DA LEITURA: a interpretação substitui a imagem que o rádio não tem. Ao fazer uso da modulação de voz, o locutor passa ao ouvinte o colorido necessário para que sua atenção e imaginação sejam compensadas naquele momento. Interpretar corretamente torna o texto mais

---

14 João Guimarães Rosa, "O burrinho pedrês", em *Sagarana*, p. 23.
15 Fernando Pessoa, "Em horas inda louras, lindas", em *Cancioneiro*, p. 62.

emotivo e convincente. No rádio, os ouvintes esperam por um locutor companheiro.

22.1 "Mas em torno à tarde se entorna/ a atordoar o ar que arde/ que a eterna tarde já não torna!/ E em tom de atoarda todo o alarde/ do adornado ardor transtorna/ no ar de torpor da tarda tarde."[16]

23 EXERCÍCIO PARA DESENVOLVIMENTO DA AGILIDADE NA ARTICULAÇÃO E NA ENTONAÇÃO DO TEXTO: o locutor deve imprimir à sua locução recursos de entonação de voz que exercem influência direta sobre a interpretação. Deve usar também o ritmo, bem como os recursos da articulação e dicção, nas locuções rápidas, definindo também a tessitura de voz para que a interpretação e o sentido tenham harmonia entre si. Existe ainda relação entre uma frase lida ou falada pelo locutor e a intensidade e altura tonal. A entonação é, ao mesmo tempo, uma expressão da unidade sintática e um meio pelo qual a voz traduz estados da locução, que vão do afetivo, emocional, ao de identificação ambiental. A entonação na locução deve ter início, desenvolvimento e fim. A entonação definirá a frase pela forma com que o locutor a empregar. A frase se torna interrogativa quando há o desejo de deixar uma pergunta pairando no ar, a fim de que seja respondida pelo ouvinte; torna-se imperativa quando a locução tiver de ser incisiva, de-

---

16 Ibidem.

monstrando, assim, credibilidade. A fala é exclamativa quando o conteúdo merecer destaque dentro do contexto da locução e, finalmente, é optativa quando o locutor quiser vincular a força do segmento à livre escolha por parte do ouvinte.

23.1 "O cravo ocre cravado, extraído do craveiro, encruou, acuado e cru."

24 Exercício para o desenvolvimento da interpretação e da leitura: a interpretação correta durante a fala vem com o tempo. É preciso estar seguro e certo do que vai se falar. Portanto, fique atento, pois a interpretação é a junção de segurança com a boa construção de suas ideias em forma de palavras. Uma eficaz maneira de desenvolver a interpretação é o constante exercício de leitura, com a variação da intensidade de voz e velocidade na locução.

24.1 "Baladas de uma outra terra, aliadas/ às saudades das fadas, amadas por gnomos idos,/ retinem lívidas ainda aos ouvidos,/ dos luares das altas noites aladas.../ Pelos canais barcas erradas/ segredam-se rumos descridos..."[17]

25 Ensaio geral de todas as técnicas de modulação: com o trabalho correto da voz, respeitando seus registros naturais, existirá conformidade entre inflexão vocal e tessitura. No encontro das ondas sonoras dentro dos siste-

---

17 Fernando Pessoa, "Baladas de uma outra terra", em *op. cit.*, p. 27.

mas de ressonância pode ocorrer que uma onda atenue a outra, ou seja, dá-se o jogo de abafar ou de aumentar o volume de certos sons, que dão ao homem uma voz quase tão rica em nuanças quanto uma música tocada ao piano. Ao usar a tessitura correta, conseguem-se diversas variações. A onda do tom fundamental, aquela emitida pela prega vocal, ao atravessar as caixas de ressonância, é amplificada apenas em determinadas faixas, conforme o som desejado. Assim, podemos emitir, por exemplo, o som de vogais diferentes. Tudo é calculado, embora não se perceba. O sistema nervoso comanda os músculos do abdome até a face de tal maneira que a onda sonora acabe sendo guiada para certos pontos de determinadas caixas de ressonância, sempre de acordo com o som. É fácil notar, por exemplo, as alterações que ocorrem na boca: fica escancarada para emitir um "ah!" de exclamação ou forma um bico para produzir o acachapante "uh!" de uma vaia. Assim como a boca, outras caixas de ressonância, graças à ação muscular, também mudam constantemente de formato.

25.1 "Um prato de trigo para um tigre; dois pratos de trigo para dois tigres; três pratos de trigo para três tigres; quatro pratos de trigo para quatro tigres; cinco pratos de trigo para cinco tigres; seis pratos de trigo para seis tigres; sete pratos de trigo para sete tigres; oito pratos de trigo para oito tigres; nove pratos de trigo para nove tigres; dez pratos de trigo para dez tigres."

26 EXERCÍCIO DE INTERPRETAÇÃO E LEITURA: quando você varia a dinâmica e a intensidade, sua leitura fica com mais colorido. Em outras palavras, quero dizer que, da mesma forma que um pianista interpreta uma partitura, com velocidade e dinâmica próprias, você também pode interpretar um texto da mesma forma. Procure gravar sua locução a fim de se autoavaliar posteriormente. A imagem que o rádio não possui é substituída pelo áudio; sendo assim, o ouvinte dobra sua atenção quando o locutor começa a falar, sobrepondo-se à música. Na boa interpretação cabem também o carisma e a identificação com o ouvinte.

> **26.1** "E tresloucadas ou casadas com o som das baladas,/ as fadas são belas e as estrelas/ são delas... Ei-las alheadas...// E são fumos os rumos das barcas sonhadas,/ nos canais fatais iguais de erradas,/ as barcas parcas das fadas/ das fadas aladas e hiemais/ e caladas...// Toadas afastadas, irreais, de baladas.../ Ais..."[18]

27 EXERCÍCIOS PARA DESENVOLVIMENTO DE ARTICULAÇÃO, PRONÚNCIA E DICÇÃO:

> **27.1** "As bruzundangas do bricabraque do Brandão abrangem broquéis de bronze brunido, brocados bruxuleantes, brochuras, breviários, abraxas brasonadas, abrigos e brinquedos."

---

[18] Fernando Pessoa, "Baladas de uma outra terra", em *op. cit.*, p. 27.

27.2 "O acróstico cravado na cruz de crisólitas da criança acriana criada na creche é o credo cristão."

27.3 "A frota de frágeis fragatas fretadas por frustrados franco-atiradores enfreados de frio naufragou na refrega com frementes frecheiros africanos."

27.4 "O prato de prata premiado, precioso e sem preço, foi presente do preceptor da princesa primogênita, probo primaz, procurador da Prússia."

27.5 "O cabeleireiro maneiroso curou a cefaleia dos barbeiros, leiteiros, padeiros, quitandeiros e peixeiros que levaram a bandeira do eleitoreiro."

27.6 "Gosto mais do sol, mas a lua é mais poética; seu colega estuda mais que você, mas falta mais às aulas."

27.7 "O rato, a ratazana e o ratinho roeram as rútilas roupas e rasgaram as ricas rendas da rainha, dona Urraca de Rombarral."

27.8 "A serrilha do serrote do carpinteiro range serrando a ripa verde."

27.9 "Ri o roto do esfarrapado, ri o torto do atarracado, mas não ri o morto do aparvalhado."

27.10 "Sófocles soluçante ciciou no Senado suaves censuras sobre a insensatez de seus filhos insensíveis."

28 Exercício para desenvolvimento da locução esportiva (falar de forma rápida e ágil):

28.1 "Acaba de chegar um dos esculcas, que andam disfarçados em besteiros da beetria de Gotingem no arraial do Infante – disse o cavaleiro –: dá rebate de que a hoste rebelde caminha para estes sítios. O velho Egas Moniz de Riba de Douro veio a ela com cem lanças. São já perto de mil homens d'armas os que D. Afonso capitaneia. Segundo se diz, ele pretende dar-vos batalha, e conta com alguns dos senhores da corte que espera tomem sua voz: o mui Reverendo Martins Eicha, a quem incumbistes juntamente comigo de introduzir aforradamente o mensageiro ao postigo de ábrego, foi dar conta destas novas à mui excelente Rainha, enquanto eu vos buscava."[19]

29 Exercícios para desenvolvimento da articulação e da reserva de ar (procure dizer as palavras, da primeira à última, sem respirar):

29.1 Cólon – cátion – cupom – Zanon – Agamenon – Calmon – cânon.

29.2 Vernon – Partenon – tom – som – com – dom – marrom – bom.

29.3 Chiffon – pom – pom – blom – fom – fom – íon – bombom.

29.4 Papillon – Fénelon – Manon – maçom – Avon – neon – Revelon.

29.5 Leon – Paramount – person – píton – Poseidôn – próton.

29.6 Satíricon – quíton – Ramon – elétron – plúton – Só-

---

[19] Alexandre Herculano, *O bobo*, p. 23.

lon – tonto.
29.7 Télamon – Tíron – Trianon – Avinhon – Triton – Trimetron.
29.8 Tron – vernon – vison – xílon – Hémon – pistom – Fílon.
29.9 Frisson – jeton – ípsilon.

6 DESENVOLVENDO A VOZ PROFISSIONAL

No que concerne ao uso da voz, para evitar situações difíceis é imprescindível tomar alguns cuidados especiais. Atores, cantores, apresentadores, jornalistas, padres, pastores, professores, locutores e uma infinidade de outros profissionais que utilizam a voz no cotidiano de trabalho sabem quanto é importante cuidar dela. Existem exercícios específicos para cada tipo de problema. Mas a prevenção ainda é o melhor remédio. Por isso, cuidar da alimentação e evitar certos hábitos inadequados é imprescindível.

CUIDADOS COM A VOZ PROFISSIONAL

O *ar-condicionado* do estúdio prejudica a voz pelo fato de retirar a umidade do ambiente e, automaticamente, ressecar a pele como um todo, o que também ocorre com a laringe. Geralmente, quem fica por muito tempo num ambiente com ar-condicionado está sempre tossindo, pigarreando, o que faz que as pregas vocais entrem em um brusco atrito. A única maneira de compensar essa secura do ar é fazer a ingestão frequente de água natural, a chamada hidratoterapia, que consiste em ingerir dois litros de água por dia, de oito a dez copos.

O *conhaque* tem a propriedade de anestesiar as pregas vocais. Ao tomar uma dose de conhaque ou mastigar um pedaço de gengibre a pessoa terá, no momento, uma sensação de alívio. É por isso que muitos dizem que, após tomarem um gole de conhaque, falam melhor; essa sensação é real, mas é também circunstancial. O mesmo acontece com as pastilhas e os sprays.

O *gengibre* tem um efeito bactericida, isso é comprovado. Só que, por outro lado, ele anestesia a prega vocal.

O *própolis* é indicado para quem estiver passando por um processo infeccioso, desde que não precise falar.

O *mel* proporciona uma sensação de alívio. No caso das infecções é bastante indicado. E não tem a propriedade anestésica. Não há contraindicação, com exceção daqueles misturados com o própolis.

As *bebidas alcoólicas* têm efeito anestésico. Em função disso, a pessoa passa a abusar mais da voz, a falar mais alto, com mais força, porque perde a sensibilidade.

Fumar prejudica a voz; basta dizer que o fumo é o principal causador do câncer de laringe.

Água e sal compõem o único gargarejo indicado, pois o sal misturado à água se dilui e é a única substância que não destrói a mucosa do trato vocal (caminho percorrido pela voz); qualquer outra coisa a afetará, a exemplo do vinagre e do limão. Ambos, se usados em longo prazo, são capazes de destruir a mucosa e o epitélio do trato vocal.

A *mudança brusca de temperatura* deve ser evitada, tanto de calor para frio como de frio para calor. A prega vocal responde com descargas de secreção, numa reação de defesa.

A *maçã* limpa o trato vocal e ajuda a combater a secura, além de ser adstringente e facilitar a articulação.

Frutas cítricas, como a laranja e o limão, são úteis para eliminar secreções.

Leite e derivados devem ser evitados antes de falar, pois aumentam a secreção.

Chocolate é contraindicado para quem usa muito a voz.

Em vez de tossir ou pigarrear, prefira engolir com força e tomar bastante água. A tosse e o pigarro são hábitos que podem prejudicar a voz, uma vez que o atrito brusco que ocorre nas pregas vocais cada vez que tossimos pode provocar, em longo prazo, os chamados calos vocais.

É preciso estar atento à produção de voz, porque, muitas vezes, a pessoa acaba ficando rouca, disfônica, apenas pela falta desse cuidado.

RECOMENDAÇÕES IMPORTANTES AO LOCUTOR

Procure ajuda especializada (médico otorrinolaringologista e fonoaudiólogo) logo ao primeiro sinal de que algo não vai bem com o aparelho fonador. A rouquidão, a falta de vontade de falar, dores e ardor na região da garganta, além de tensão nos ombros e pescoço, excesso de secreção (catarro) e cansaço devem ser interpretados como sinais de alerta.

Quando esses sintomas persistem por mais de quinze dias ou começam a aparecer com regularidade, é necessário procurar um especialista. Fique atento, pois o problema pode ser mais grave do que uma simples irritação ou inflamação.

TRATAMENTO E PREVENÇÃO

Tanto o tratamento dos nódulos e fendas quanto a prevenção de distúrbios vocais são feitos com exercícios, higiene vocal e mudança de hábitos alimentares e físicos. Trabalhar a respiração e a vibração dos músculos envolvidos na fala (pregas vocais, língua, lábios, diafragma) é uma tarefa a ser realizada diariamente. Uma boa sugestão é fazer isso durante dez ou quinze minutos, pela manhã, para aquecer a voz. Com isso, ela ressoa melhor nas cavidades da cabeça e do pescoço e fica mais intensa – em outras palavras, você não precisa gritar tanto para ser ouvido.

No final do trabalho, é fundamental fazer o desaquecimento, soltando os músculos e deixando-os prontos para o descanso. Procure um fonoaudiólogo para determinar os exercícios certos para cada caso e a melhor maneira de executá-los. Malfeitos, eles podem levar ao agravamento dos sintomas.

7 CUIDADOS E PREVENÇÕES: VOZ PROFISSIONAL

A VOZ, NO CONTEXTO DO PROCESSO DA COMUNICAÇÃO HUMANA, É INSUBSTITUÍVEL. NENHUMA OUTRA FORMA SONORA É COMPARÁVEL A ELA, SENDO A ÚNICA A TER O PRIVILÉGIO DE PODER UNIR O TEXTO À EMOÇÃO. MAS UMA VOZ SÓ EMOCIONA SE HOUVER SENSIBILIDADE POR PARTE DO COMUNICADOR, QUE, ALÉM DAS PALAVRAS, PRECISA TRADUZIR O QUE NÃO ESTÁ ESCRITO NAS NUANÇAS DA SUA INTERPRETAÇÃO.

Para quem fala, a voz é o reflexo do eu interior, que de forma vibrante libera pensamentos e sentimentos. A voz e a personalidade estão estreitamente relacionadas e são inseparáveis, já que traduzem o ser humano na sua totalidade. Entre o corpo e a voz existe uma íntima relação. Com eles o comunicador exterioriza sua afetividade e desempenha o papel intermediário entre o ouvinte e o conteúdo falado. Mas, para isso é preciso que ele possua uma técnica precisa a fim de poder dominar as inúmeras possibilidades de compreensão de um texto.

VOZ ROUCA – CAUSAS

A voz é o principal instrumento de trabalho do locutor, embora muitos não tenham consciência disso.

É preciso conhecer e desenvolver medidas preventivas, mudando pequenos hábitos e comportamentos no dia-a-dia, e não apenas quando os sintomas da rouquidão aparecem.

A voz rouca ou disfonia normalmente surge por meio de um processo comportamental ou emocional, traumático ou não, o qual o tempo se encarrega de tornar orgânico pela incidência do mau uso vocal.

Sem perceber, a pessoa acaba por forçar as pregas vocais, originando problemas orgânicos como nódulos, edemas e pólipos, que trazem consequências sérias para o âmbito profissional.

ROUQUIDÃO – TRATAMENTO PREVENTIVO

Sendo a voz o instrumento de trabalho do locutor, cuidar de sua prevenção significa estar apto para um bom desempenho profissional.

Os cuidados descritos a seguir são muito importantes para quem trabalha excessivamente com a voz. Procure conscientizar-se da importância de sua manutenção e praticar tais exercícios com disciplina.

Adquira o hábito de alimentar-se de forma equilibrada. A fonação profissional é uma função especial, que requer grande reserva energética; mantenha uma dieta balanceada e evite excesso de gorduras e alimentos muito condimentados.

Evite ingerir cafeína em excesso. A cafeína é encontrada no café, nos chás de ervas e também em refrigerantes dietéticos. Além de estimulante, a cafeína favorece o refluxo gastroesofágico, ou seja, o líquido ácido do estômago vem em forma de jato (mesmo processo da azia) para na boca, podendo ser desviado para a laringe. O refluxo, pela composição química envolvida, é extremamente irritante para as sensíveis mucosas da laringe.

Evite o fumo. É de conhecimento comum que o fumo é altamente nocivo para a laringe, em especial para locutores. Entre tantos outros efeitos, o fumo causa irritação direta do trato vocal, pigarro, inflamação da região laríngea, tosse e aumento da secreção viscosa. Lembre-se de que existe uma forte correlação entre o tabagismo e o desenvolvimento do câncer, particularmente na laringe e nos pulmões. Aconselho os locutores a abandonarem esse hábito, considerando não só a saúde vocal, mas a qualidade de vida como um todo.

Evite o álcool. Os líquidos não passam pela laringe, mas o álcool, principalmente os destilados (pinga, vodca e uísque), está intimamente associado ao desenvolvimento do câncer. O consumo frequente de bebidas alcoólicas provoca edema, inchaço das pregas vocais e irritação de toda a laringe. O álcool fermentado (vinho e cerveja) é o menos irritante. Evite beber antes da locução. Abandone o mito de que um conhaque antes de falar melhora a voz.

Evite o cansaço físico e mental. Procure compensar o estresse com a prática regular de exercícios físicos, caminhadas e outras formas de relaxamento.

Evite o descanso inadequado. Apresentar um programa no rádio ou na televisão é um ato de extremo gasto energético, e os locutores chegam até mesmo a perder peso durante a fonação prolongada. A energia da laringe é recuperada, em especial, por meio do descanso, mais especificamente pelo sono. A voz nunca fica boa depois de uma noite mal-dormida. Programe-se para dormir o suficiente.

Cuide do estresse. Certa quantidade de estresse é algo positivo para a verbalização, pois estresse nada mais significa do que mobilização de energia; porém, o estresse excessivo é negativo (conhecido tecnicamente por distresse) e prejudica a emissão da voz, o que se observa por meio de cansaço vocal, falta de resistência, rouquidão e "ar na voz"; também pode ocorrer perda de notas da tessitura.

Evite falar muito. O excesso de fala, principalmente em emissão continuada, é prejudicial para a laringe, pois submete o aparelho vocal a um esforço prolongado; nessas situações, o risco de se desenvolver uma lesão é também maior. Quando o uso mais extenso da fala se fizer necessário, procure, em seguida, descansar a voz pelo mesmo período.

Evite o contato com substâncias alérgicas ou ambientes ruidosos, barulhentos e poluídos. Combata o hábito de falar alto em ambientes ruidosos ou ao ar livre. Falar em locais barulhentos constitui competição sonora, ou seja, você tende a elevar o volume da voz num esforço para se comunicar, na tentativa reflexa de vencer o ruído do fundo. O pior de tudo é que você geralmente nem percebe quanto está se esforçando. Falar em voz muito alta ou gritar leva à utilização da laringe com força máxima; evidentemente, o desgaste é maior, cansando a voz rapidamente e aumentando o risco do aparecimento de lesões na superfície das pregas vocais.

Evite mudanças bruscas de temperatura. Fique atento quanto à temperatura interna (ingestão sucessiva de alimentos quentes e muito gelados), e mesmo à externa, principalmente quando ao ar livre ou em ambientes aquecidos ou resfriados artificialmente. Tome cuidado, ainda, com os *ambientes secos*. A redução da umidade do ar causa o ressecamento do trato vocal, induzindo a uma produção de voz com esforço e tensão. É como se um sistema mecânico muito potente tivesse de funcionar sem lubrificação de seus componentes. Se sua permanência em ambientes secos for inevitável (por exemplo, ao viajar para cidades cuja umidade relativa do ar é baixa, se existir ar-condicionado no trabalho etc.), procure se hidratar tomando vários copos d'água em temperatura ambiente.

Fale sempre de acordo com a sua correta região tonal. Evite falar fora de sua frequência habitual, que é aquela que nos identifica. Enquanto falamos, variamos constantemente a frequência de nossa emissão, porém existe um valor médio em que nossa voz se situa. Não fale usando os extremos de sua tessitura, tanto no caso de notas muito agudas como muito graves, para não forçar sua emissão. O importante é não exigir mais do que suas condições vocais podem oferecer, sob risco de desenvolver lesões nas pregas vocais.

Algumas emissoras de rádio, principalmente as direcionadas ao público jovem, tendem a impor aos locutores um estilo de impostação de voz mais aguda. Isso pode representar um abuso para a estrutura fonoarticulatória do profissional, além de soar artificial. Procure usar sua voz do modo mais natural possível.

Evite pigarrear. O ato de pigarrear representa um atrito entre as pregas vocais; esse roçar forte e agressivo pode contribuir para o aparecimento de alterações nas pregas vocais, pois provoca irritação e descamação do tecido.

Cuidado ao imitar sons, vozes e ruídos. Alguns locutores, pelo controle vocal desenvolvido ou mesmo por um dom, apresentam facilidade para imitar sons, vozes de outras pessoas e ruídos. É muito difícil fazer essas manobras e ruídos vocais sem lesar o aparelho fonador, o que determina que a maioria dos imitadores fique com uma sensação de ardor e irritação após o término de suas imitações. Dessa forma, se você não tem certeza de que consegue fazer imitações sem se prejudicar, evite-as.

Cultive o hábito do repouso vocal diário durante alguns minutos. Procure também aquecer e desaquecer a voz antes e depois da fonação profissional.

Evite cochichar ou sussurrar. Embora, aparentemente, cochichar ou sussurrar sejam atos que sugerem relaxamento das pregas vocais, na verdade exigem extrema força, o que pode, até mesmo, ser mais lesivo do que falar com a sonoridade habitual.

Cuidado com os "conselhos milagrosos" de terapia caseira. Alguns exemplos: goles de conhaque para esquentar a voz, mascar gengibre (o que é pouco recomendável), chá, café, cigarro, pastilhas, entre outros. Uma eventual cura ou melhora com a utilização desses métodos estão ligadas à cura psicológica de autossugestão.

A rouquidão sempre é um sinal de alerta do nosso corpo. Pode significar desde uma simples irritação momentânea da mucosa laríngea até calos nas pregas vocais. Por isso, investigue suas causas para evitar maiores consequências. Cuide de sua saúde geral: manter-se saudável auxilia a produção da voz. São raros os indivíduos doentes que mantêm boa emissão vocal.

8 VOZ: COMBINAÇÃO DOS SONS EM PALAVRAS

A articulação requer uma combinação de diversas atividades discretas. Não podemos produzir uma fala inteligível sem uma conjunção suave dos movimentos articulatórios.

LOCUÇÃO COM ACENTUAÇÃO

Quando ao microfone, devemos cuidar para que exista o perfeito conjunto de movimentos musculares requeridos na produção da fala distensa. O locutor, ao dar uma notícia ou nota, bem como quando anuncia uma música, deve manter os padrões rítmicos que aumentem a inteligibilidade. Certas sílabas de uma palavra, frase ou sentença recebem maior acentuação. Aplicando esses ritmos a padrões de acentuação da fala, tendemos a diminuir e neutralizar sons vocálicos que são acentuados. Ao observar os padrões de ritmo, daremos às palavras sua devida entonação, tornando a interpretação natural.

LOCUÇÃO COM ASSIMILAÇÃO

Na fala mais rápida, encontrada principalmente em locutores de FM (não como regra), os sons se movimentam de modo mais acelerado dentro das frases e de uma palavra para a seguinte. Isso se deve ao ritmo imposto pela programação musical ou pela agilidade da plástica (vinhetas e trilhas) de uma emissora. Como os sons são produzidos em sequência para formar palavras, frases e sentenças, quando separados eles não ajudam, mas influenciam uns aos outros, na inteligibilidade do que se fala. Esse fenômeno oral denominamos de assimilação: o efeito da atuação de um som sobre os sons vizinhos, na fala distensa. Quando o ouvinte escuta determinada palavra e não a compreende, geralmente pela rapidez com que a ideia é exposta pelo locutor, as palavras seguintes completarão a lógica da frase.

LOCUÇÃO COM ELISÃO

Quando nos comunicamos pelo rádio, temos de desenvolver uma verbalização específica para suprir a falta da imagem. Ao contrário da televisão, na qual a imagem mostra tudo, o rádio requer que se evidencie por meio da voz a imagem que o veículo não transmite. As palavras constroem imagens na mente do ouvinte. Dessa forma, a comunicação pelo rádio, ao longo do tempo, vem se adensando, constituindo um estilo próprio. Falar no rádio é diferente de falar na televisão. As linguagens são distintas entre si.

Na televisão, a verbalização é coloquial, conversada, pois a imagem complementa os espaços em branco deixados durante a exposição da mensagem. Já no rádio, o locutor precisa emoldurar os conteúdos, com improvisos e passagens sonoras (vinhetas e efeitos). Essa forma de falar é definida como *linguagem de rádio*. Para cada tipo de conteúdo radiofônico devemos variar a elisão vocal. No caso das notícias, a voz assume uma leve impostação, com um ritmo mais acelerado. Na locução de comerciais, em entrevistas e diálogos com ouvintes no ar, a voz já assume contornos diferentes, pois a elisão não é impostada, e sim coloquial. A variação da elisão refere-se às diferentes formas de combinarmos os sons dentro das frases. O fenômeno resulta numa emissão vocal mais melodiosa, fluente, sonora e agradável, ao ligarmos as palavras umas às outras.

FIGURAS INTERPRETATIVAS DA VOZ — APLICAÇÕES PRÁTICAS NA LOCUÇÃO

Como vimos anteriormente, a voz é um atributo altamente pessoal. Não podemos utilizar um aparelho para ajustar intensidade, altura e qualidade vocais e obter uma voz natural. Portanto, não há equipamento que possa determinar de forma objetiva quando um segmento vocal é anômalo. As normas para essa avaliação são totalmente subjetivas. Poderíamos dizer que entra aqui o critério de agradabilidade. Muitas vezes, uma voz, embora apresente alguns sinais, não pode ser classificada como anormal. Ela é constituída de diversos elementos que interagem, sendo difícil separar uma particularidade da voz e dizer que ela é deficiente.

Ao nos comunicarmos pelo rádio, prevalecem os recursos sonoros, as trilhas, cortinas musicais e a voz do comunicador. *A linguagem do rádio é específica.* Temos de utilizar o som como principal elemento na comunicação com o ouvinte, pois as pequenas nuanças no jogo interpretativo da voz, incorporadas às ambiências sonoras, tornam-se de suma importância.

Chamamos de *variação interpretativa* as técnicas de interpretação de diferentes conteúdos durante a locução. A seguir serão apresentados conceitos essenciais ao trabalho junto ao microfone, no que tange aos *diferentes aspectos interpretativos da voz.*

> *Tessitura:* é o espectro de alcance de determinada voz. Representa a variação natural entre as notas graves, médias e agudas da voz. *Aplicação prática na locução:* o locutor necessita da tessitura vocal para dar flexibilidade ao jogo interpretativo de um texto. A tessitura é um recurso natural da voz, ou seja, a voz não flui com naturalidade se o locutor forçar registros tanto em relação aos graves quanto aos agudos da tessitura. Além dela, a *extensão* também é um aspecto importante da voz.

Modulação: é o uso coordenado da tessitura vocal durante a fala. A modulação é responsável pelo movimento harmônico da voz durante a interpretação de um conteúdo falado. *Aplicação prática na locução*: modular durante a locução significa variar os tons da voz entre os registros graves, médios e agudos.

Projeção sonora: tem relação direta com a pressão sonora produzida pelo ar na estrutura do aparelho fonoarticulatório. A projeção sonora tem seus fundamentos estéticos diretamente ligados ao padrão do ritmo da fala. *Aplicação prática na locução*: a intensidade da projeção sonora varia conforme o conteúdo do assunto falado. Assim sendo, a leitura de uma notícia, por exemplo, requer uma projeção sonora mais incisiva do que a leitura de um texto comercial. O termo *loudness* também pode ser definido tecnicamente como projeção sonora, visto que está relacionado com a percepção do volume da voz. A voz emitida pode ser classificada como forte, fraca ou adequada. No que concerne a falar em público, é importante estar atento à qualidade dos equipamentos de amplificação sonora. A falta de recursos acarretará a necessidade de uma produção sonora mais intensa por parte do locutor. Isso pode resultar em uma sobrecarga das pregas vocais.

Variação de ritmo: a construção do ritmo é um elemento fundamental no momento da fonação. Sem ritmo, nossas emoções não ganham sentido, nossa linguagem se torna lacônica, sem brilho. *Aplicação prática na locução*: chamamos de dinâmica vocal a variação do ritmo que permite ao locutor exprimir entusiasmo, vivacidade e até contrariedade, quando for o caso.

Inflexão de sorriso: é a figura do carisma na locução. O sorriso contagia o ouvinte, transmitindo leveza, simpatia e reciprocidade. Essa figura interpretativa é característica de comunicadores populares. *Aplicação prática na locução:* o sorriso é a porta de entrada da comunicação popular. É o símbolo de uma confraternização universal da palavra: podemos não entender quando uma pessoa fala em outro idioma, mas recebemos com simpatia um sorriso. Funciona como um código de aproximação amistosa entre duas ou mais pessoas. O uso da inflexão de sorriso na comunicação pelo rádio também requer discernimento e bom senso por parte do comunicador, pois um sorriso mal colocado, numa notícia triste, por exemplo, pode mudar completamente a compreensão do ouvinte.

Variação interpretativa de conteúdos: é a composição das demais figuras interpretativas, ou seja, a combinação entre modulação, projeção sonora, variação do ritmo e inflexão de sorriso durante a fala. *Aplicação prática na locução:* para cada conteúdo falado no rádio existe uma forma interpretativa diferente. Quando se dá uma notícia, a voz assume um ritmo mais acelerado e uma modulação mais linear. Já ao gravar um spot comercial ou interpretar um texto de patrocinador no formato testemunhal, o locutor precisa dar naturalidade à voz.

Tempo de emissão: a capacidade de falar por longo período e de enfatizar uma palavra nos momentos finais de uma sentença pode definir a longevidade da voz de um locutor. Observa-se tal fato quando existe a solicitação para a emissão de um som ou vogal prolongada ou sustentada, glissando-se ascendente e descendentemente e produzindo uma vogal sustentada com intensificação no terço final da emissão.

Articulação: pode ser precisa, imprecisa, travada, exagerada, pastosa ou aberta. Essas características podem se combinar aos pares, mas não de maneira fixa. É possível, por exemplo, encontrar uma articulação travada e precisa assim como uma aberta e imprecisa. Nem sempre abrir mais a boca para falar melhora a articulação das palavras. Pode, sim, projetá-la muito mais.

Ataque vocal: pode ser dividido em brusco, aspirado e suave, sendo observado na fala espontânea. Normalmente, o tipo de ataque vocal se modifica de acordo com o estilo, a emissora e o tipo de conteúdo apresentado. Existem locutores que falam com ataque brusco, porém, durante um programa romântico, por exemplo, precisam trabalhar utilizando um ataque vocal mais suave. O ataque vocal tem relação direta com respiração e pressão subglótica. Não é possível ouvir com clareza um locutor cuja projeção e articulação sejam travadas. Também podemos definir o ataque vocal com o termo *pitch* (tom, intensidade da voz), que é a sensação auditiva que temos quanto à altura da voz, podendo ser classificado em grave, médio ou agudo. Em geral, nas locuções em rádios voltadas à programação jovem, o *pitch* da voz eleva-se, pois há uma busca das cavidades superiores de ressonância que acaba levando à agudização do tom, muitas vezes camuflado por uma hipernasalização.

Ritmo: sofre variações conforme o conteúdo do texto falado. O ritmo dependerá do estilo da locução e da maneira como o locutor interpreta no momento da fala. Durante a locução podemos utilizar quatro tipos de ritmo: lento, acelerado, muito acelerado e adequado.

Registro: é o modo de vibração das pregas vocais de acordo com vários *pitchs*. Provém da produção de frequências consecutivas que se originam da frequência fundamental.

Brilho: tem relação direta com o uso das cavidades de ressonância e de produção de voz. Quanto mais amplo for o uso dessas cavidades, maior será a riqueza de harmônicos amplificados, fazendo que a voz pareça cheia. A posição da laringe no pescoço é responsável pelo colorido do som produzido.

Coordenação pneumofonoarticulatória: a fala é uma ação conjunta entre o aparelho fonoarticulatório e o sistema nervoso central. Durante a fonação, o cérebro coordena os músculos, o ar inspirado e expirado e também a vibração das pregas vocais, em um jogo entre a respiração e a fala. É comum vermos pessoas sob pressão, estresse ou tensão emocional apresentando dificuldade durante a fala.

TONALIDADES DA VOZ

O tom de voz é definido pelo momento da fala e pelo conteúdo interpretado. Define-se tom pela intensidade, a modulação e a pressão sonora com que o locutor projeta sua voz. O tom varia conforme o tipo de locução a ser desempenhado.

Locução suave: nela, a voz recebe inflexão concentrada nas notas graves da tessitura vocal. A pressão sonora é contida, pouco projetada, e o trabalho de impostação deve ser totalmente diafragmático.

Locução jovem: a voz é modulada dentro dos registros médios-agudos, com projeção sonora forte e velocidade e ritmo acelerados. Conforme a segmentação da emissora de rádio, cabe ou não a inflexão de sorriso.

Locução coloquial: nesse formato, a interpretação é tudo. Cabem a figura do sorriso, a da quebra de ritmo, a da variação modular da voz, todas ao mesmo tempo. O uso simultâneo dessas técnicas é o que dará naturalidade ao diálogo ou ao monólogo interpretado.

Locução voice-over: nessa modalidade, o locutor usa sua voz em documentários e matérias jornalísticas, sendo que o ritmo e a interpretação acompanham o tema em questão.

Locução caricata: o locutor precisa de versatilidade e facilidade para imitar com perfeição a fala de políticos, humoristas, artistas ou até dos próprios colegas.

9 CARACTERÍSTICAS DO RÁDIO[20]

O RÁDIO POSSUI UM MAGNETISMO PRÓPRIO, UMA CARACTERÍSTICA ÚNICA COMO VEÍCULO DE COMUNICAÇÃO. POR NÃO PODERMOS VER NOSSO INTERLOCUTOR, NÓS O IMAGINAMOS "DO NOSSO JEITO", DA FORMA QUE MAIS NOS AGRADAR. É com a liberdade de pensarmos da nossa maneira que ele nos conquista como ouvintes, pois abrimos nossa mente para suas mensagens. O rádio entra nas casas, nos automóveis, nos escritórios, enfim, em qualquer lugar onde um simples receptor esteja ligado.

A primeira descoberta empolgante que se faz ao trabalhar em rádio é perceber que começamos a fazer parte do cotidiano das pessoas que nos ouvem. Pessoas que não conhecemos, mas que se identificam com nossas ideias, pontos de vista e opiniões.

Pode acreditar: é avassaladora a força do rádio. Portanto, prepare-se de verdade para trabalhar nesse meio, procuran-

---

20 O presente capítulo teve como referência a obra *A informação no rádio*, muito conhecida e adotada em todo o Brasil, da saudosa colega e professora da Universidade de São Paulo Gisela Swetlana Ortriwano. Os elementos mais marcantes em sua personalidade eram sua paixão pelo rádio e a sua capacidade de dominar uma sala de aula ao mostrar a importância da adquisição dos diferenciais necessários para se fazer rádio, com ênfase na aptidão para se emocionar. Busquei as bases para este capítulo nas raízes do seu conhecimento, que, em respeito ao seu trabalho, faço questão de ter como guia.

do seguir os caminhos da ética e do profissionalismo, pois somente assim conseguirá o reconhecimento do público.

Entre os meios de comunicação de massa, o rádio é, sem dúvida, o mais popular e o de maior alcance público. Não só no Brasil como em outras partes do mundo, constitui-se muitas vezes no único meio a levar a informação e o entretenimento para populações de vastas regiões que não têm acesso a outros recursos, por motivos geográficos, econômicos ou culturais.

Esse status foi alcançado em especial pelos seguintes fatores: o primeiro, de natureza físico-psicológica, é o fato de ter o homem a capacidade de captar e reter a mensagem falada e sonora e, simultaneamente, executar outra atividade; o segundo, de natureza tecnológica é a descoberta do transistor. Entre os meios de comunicação, o rádio é privilegiado por suas características intrínsecas, que serão destacadas na sequência.

Linguagem oral: o rádio fala, e para receber a mensagem é necessário apenas ouvir. Portanto, o rádio leva uma vantagem sobre os veículos impressos, pois, para receber as informações, não é preciso que o ouvinte seja alfabetizado. Em consequência disso, na média do nível cultural do público ouvinte deve-se incluir a população analfabeta, que no caso dos impressos é imediatamente eliminada.

Penetração: geograficamente, o rádio é o mais abrangente dos meios de comunicação, podendo chegar aos pontos mais remotos e ser considerado de alcance nacional. Ao mesmo tempo, pode estar nele presente o regionalismo, pois, tendo menos complexidade tecnológica, permite a existência de emissoras locais, que poderão emitir mensagens mais próximas ao campo de experiência do ouvinte.

Mobilidade: do ponto de vista do emissor, o rádio, sendo menos complexo tecnicamente do que a televisão, pode ter acesso mais fácil ao local dos acontecimentos e transmitir as informações mais rapidamente que o outro meio. Comparado aos veículos impressos, o rádio leva muita vantagem. Suas mensagens não requerem preparo anterior para que sejam transmitidas, além de não haver o problema crucial da distribuição: quem estiver ouvindo rádio estará apto a receber a informação. Do ponto de vista do receptor pode-se ressaltar que o ouvinte de rádio está livre de fios e tomadas e não precisa ficar em casa ao lado do aparelho. O rádio está hoje em todo lugar: na sala, na cozinha, no quarto, no escritório, nas fábricas, nos automóveis, eliminando também o hiato de audiência durante o tempo de locomoção de um lugar para outro. Seu tamanho diminuto torna-o facilmente transportável, permitindo, inclusive, recepção individualizada nos lugares públicos (walkman). Tem alcance nacional ou mundial, levando sua mensagem a qualquer parte do planeta que, ao mesmo tempo, pode ser regional, já que funciona sem grande complexidade tecnológica, facilitando a instalação de emissoras locais.

Baixo custo: em comparação com a televisão e os veículos impressos, o aparelho receptor de rádio é o mais barato, estando sua aquisição ao alcance de uma parcela muito maior da população.

Imediatismo: os fatos podem ser transmitidos no instante em que ocorrem. O aparato técnico de transmissão é menos complexo do que o da televisão e não exige a elaboração necessária aos impressos para que a mensagem possa ser divulgada. O rádio permite "trazer" o mundo ao ouvinte enquanto os acontecimentos estão se desenrolando.

Instantaneidade: a mensagem precisa ser recebida no momento em que é emitida. Se o ouvinte não estiver exposto ao meio naquele instante, a mensagem não o atingirá. Não é possível deixá-la para depois, para ouvi-la em condições mais adequadas. No caso da televisão, o fenômeno é o mesmo. Nesse sentido, os veículos impressos levam vantagem, podendo o leitor retroceder para entender melhor a mensagem, guardar o material para lê-lo no momento que, para ele, for mais adequado.

Sensorialidade: o rádio envolve o ouvinte, fazendo-o participar por meio de um diálogo mental. Ao mesmo tempo, o ouvinte sente a emoção das palavras do locutor e dos recursos da sonoplastia. Essa sensorialidade propicia a ligação direta entre locutor e ouvinte, cabendo ao emissor (locutor) discernir o certo do errado, o coerente do absurdo. O comunicador influencia a opinião do grupo que o escuta; portanto, deve mostrar clareza, lógica, consciência, ética e responsabilidade em tudo que disser.

Autonomia: o rádio, livre dos fios e longe das tomadas, deixou de ser um meio de recepção coletiva e tornou-se individualizado. As pessoas podem receber suas mensagens sozinhas, em qualquer lugar que estiverem. Essa característica conduz o locutor a falar para todos os que ouvem como se estivesse falando para cada um em particular, dirigindo-se àquele ouvinte específico. Assim, o ouvinte se sente valorizado, acompanhado, e os objetivos de informar ou entreter são mais facilmente alcançados — diz o locutor: "A partir de agora *você* vai ouvir os maiores sucessos musicais da nossa programação...".

10 LINGUAGEM DO RÁDIO

O RÁDIO CONVERTE IDEIAS, PALAVRAS E AÇÕES EM IMAGENS AUDITIVAS. MEDIANTE O EMPREGO CORRETO DAS TÉCNICAS, PODEMOS CRIAR UMA TELA NA MENTE DO OUVINTE, LEVANDO-O A VISUALIZAR A IMAGEM QUE QUEREMOS CRIAR. Tanto em spots publicitários como em jingles, documentários, notícias, vinhetas e peças institucionais encontramos no rádio uma ferramenta econômica, rápida e eficiente. O veículo se utilizou muito dessas técnicas na chamada fase de ouro, entre os anos de 1935 e 1950.

As radionovelas tinham na sua forma original a estrita finalidade do entendimento por meio da imagem mental. As cenas criadas na mente do ouvinte vinham de elementos radiofônicos do áudio. Por intermédio da música, da voz do radioator e da ambiência criada pelos efeitos da sonoplastia, a cena se desenrolava na mente do ouvinte. Os cenários no rádio não são vistos, e sim sentidos. O ritmo, marcado pela duração das cenas, pela troca de ambientes e pelos próprios diálogos, também é um dos principais recursos utilizados para fazer que o ouvinte crie a sua "imagem auditiva" e compreenda a mensagem.

Achei fantástica a história de bastidores que envolveu a novela radiofônica *O direito de nascer*. Com texto do escritor cubano Félix Caignet, o romance mudava horários e compromissos dos brasileiros, que não queriam perder nem um capítulo, e tornou-se um dos maiores sucessos de todos os tempos na história da mídia eletrônica no Brasil. O rádio iniciou uma nova mania brasileira, hoje eternizada pelas TVs.

A radionovela *O direito de nascer* tinha como protagonistas Paulo Gracindo e Isis de Oliveira, que interpretavam o par romântico Albertinho Limonta e Isabel Cristina. Lá pelos idos da década de 1940, por volta das oito da noite as pessoas já não saíam de onde estavam. Permaneciam em volta dos rádios nas casas, nos bares e nos restaurantes, com a respiração suspensa, a fim de ouvir a radionovela. A história narra o desenrolar de um amor impossível de forma muito envolvente. Ambos os protagonistas tinham um sonho: Albertinho, o de conhecer sua mãe, pois havia sido criado em um orfanato de freiras no Rio de Janeiro. Isabel Cristina, garota da alta sociedade, filha de um barão, sonhava com um grande amor. O romance começa na noite de formatura de Albertinho em medicina. Órfão, de origem humilde, lutou muito para viver aquele momento, uma noite especial que tinha como cenário o majestoso Theatro Municipal do Rio de Janeiro.

Isabel Cristina estava presente à formatura e, no momento em que sobe as escadarias do teatro, depara-se com

Albertinho. Subitamente os olhares se encontram e uma grande emoção invade os dois. Ela, encantadora, usava um rico vestido branco de rendas valencianas, e ele, vistoso, vestia um elegante terno tropical inglês, risca de giz, emprestado por um amigo para a ocasião. "'Qual o nome desta princesa?', perguntou Albertinho a um amigo. 'Quem é este jovem que me encanta os olhos?', pensou ela."

Em volta dos rádios durante a transmissão, as pessoas imaginavam a cena, sentiam os perfumes, enxergavam brilhos e cores que se refletiam por entre grandes candelabros de cristal. Ansiosos até serem apresentados um ao outro, não ocultam a paixão que lhes aflorava, sem acanhamento. Uma valsa marca o primeiro encontro, em que confessam a felicidade de estarem se conhecendo. Albertinho não esconde de Isabel a sua origem simples. Aquilo faz aumentar a admiração da moça por ele. No entanto, o mesmo não acontece com o pai de Isabel, um arrogante e prepotente barão da aristocracia carioca. Ao descobrir a verdade sobre as origens de Albertinho, ele o impede de continuar se encontrando com Isabel. Com severidade, ameaça a filha com castigos e punições caso fosse desobedecido. Resignados, ambos se afastam, mas o amor já havia se estabelecido entre o casal. Isabel, infeliz, amargurada pela distância, abandona a vida de menina rica, os bens, os confortos da vida de nobre e rompe com a família para correr ao encontro de Albertinho.

Acomodados num pequeno quarto de pensão, começam a viver juntos. Albertinho, como médico recém-formado, não conseguia sequer um emprego, pois o poderoso barão, com sua nefasta personalidade, perseguia-o, ameaçando causar severos prejuízos a quem o empregasse. Mesmo em meio a todas as dificuldades enfrentadas pelo casal, estavam felizes por estarem juntos. A radionovela atinge seu auge quando Isabel Cristina descobre uma gravidez inesperada.

O rádio contava uma história à frente do seu tempo, pois a sociedade conservadora condenou a atitude de Isabel de romper com a família. Críticos da época acusaram a Rádio Nacional de estar desencaminhando as moças de família. Autoridades religiosas imprimiram sérias advertências à direção da emissora, acusando o autor de disseminação da união marital, ou seja, o relacionamento informal de casamento. Maus costumes, desunião da família, desrespeito aos pais eram alguns dos valores negativos atribuídos à radionovela.

A pressão da sociedade não intimidou o autor da história, que, em resposta, escreveu um capítulo emocionante transmitido num sábado à noite, quando a audiência era maciça. No texto, Isabel desabafa e expõe sua tristeza pelo desprezo das pessoas à sua volta. Mergulhada em lágrimas e com a voz embargada pelo choro, confessa seu medo de enfrentar a realidade: "Albertinho, meu amor, meu ventre carrega um filho teu, as dificuldades entram pela porta do nosso humilde quarto de pensão, nosso filho está prestes a nascer e nossa humilde condição não nos permite comprar um berço, uma pecinha de roupa do enxoval, uma latinha de leite sequer. Espero que Jesus, filho de Nossa Senhora, interceda por nós".

Naquela noite, após a transmissão da radionovela, inúmeros ouvintes inconformados com tanta injustiça e tomados por enorme comoção se reuniram para ajudar Isabel Cristina. Na segunda-feira pela manhã, uma comissão formada pela liga das senhoras católicas do Rio de Janeiro se apresentou à Rádio Nacional trazendo, em um pequeno caminhão, centenas de quilos de mantimento, um enxoval completo e uma enorme pilha de latas de leite destinadas ao bebê de Isabel. Surpresos, os funcionários da Rádio Nacional disseram ao grupo que a história de Isabel e Albertinho se tratava de uma obra de ficção, que ambos, na verdade, não existiam, eram personagens da novela radiofônica. As senhoras, tomadas pelo constrangimento, não sabiam o que falar ao olhar para o diretor do serviço de saúde do Rio de Janeiro. Chamado às pressas à Rádio Nacional, o homem mal sabia o que dizer ou fazer. De cabeça baixa e ruborizado pela situação, tentou ocultar no bolso do paletó uma carta-convite com proposta de emprego endereçada ao doutor Alberto Limonta. Para que a iniciativa não se tornasse um desapontamento geral, os diretores da emissora resolveram dar início a uma grande campanha de coleta de alimentos a fim de destiná-los às mães carentes. Assim vivia essa geração de brasileiros embalados pelo rádio: numa época romântica, emocionante e repleta de sonhos. Também se registra o fato como a primeira grande mobilização popular feita por meio do rádio de que se tem notícia.

A programação da Rádio Nacional ainda teve sucessos inesquecíveis como os seriados *Jerônimo, o herói do sertão* e

O Sombra. Por meio dos efeitos da sonoplastia, o público era conduzido às mais diversas sensações. Pela Rádio Nacional também passaram atores que escreveram sua biografia no rádio, como Walter d'Ávila, Mário Lago, Oduvaldo Viana e Henriqueta Brieba. O escritor, compositor e ator Mário Lago foi um dos maiores responsáveis pelas adaptações de novelas feitas na Nacional.

Ainda hoje se pode ver a influência do rádio na cultura brasileira. As novelas continuam sendo as preferidas da audiência e, cada vez mais, fazem parte da programação de diferentes canais televisivos.

11 CARACTERÍSTICAS DA LINGUAGEM RADIOFÔNICA

A LINGUAGEM RADIOFÔNICA POSSUI CARACTERÍSTICAS QUE DÃO AO RÁDIO UMA SÉRIE DE VANTAGENS EM RELAÇÃO A OUTROS MEIOS. Avalio ser de suma importância aprofundar um pouco mais o assunto; para tanto, o conteúdo a seguir foi desenvolvido com base em estudos do jornalista Eduardo Meditsch, professor da Universidade Federal de Santa Catarina (UFSC).

O rádio faz uso de uma única linguagem, a sonora, daí o fato de trabalhar considerando-se um único sentido do ouvinte: a audição.

A grande vantagem do rádio, decisiva na atribuição do seu potencial de meio de comunicação de massa, é ser um meio que dispensa a necessidade de o público saber ler para que a comunicação com ele realmente se complete.

ELEMENTOS E RECURSOS DA LINGUAGEM DO RÁDIO

A linguagem do rádio tem suas bases em quatro elementos: a palavra, a música, os efeitos sonoros e o silêncio. *Palavra* é o conteúdo falado que se preenche por meio de notícias, comentários, leitura de textos, reportagens e entrevistas. A forma com que a palavra é apresentada no rádio geralmente varia conforme o tipo de público que a recebe. Sendo assim, a palavra pode ser direcionada para determinado público conforme a segmentação da emissora. As palavras ditas ao microfone formam um conjunto de ideias, argumentos e entendimentos a respeito de determinado assunto. Quando bem articuladas, ganham significado. Cada comunicador pode desenvolver de forma variada seus assuntos ao microfone, o tamanho e a riqueza do seu vocabulário o fazem diferente dos demais. O dom da palavra falada não se resume apenas às qualidades sonoras da voz. O bom conteúdo falado depende também das técnicas de voz e do conhecimento de quem exprime a palavra. O dom da fala é mais do que uma maneira bonita de falar; também envolve a coerência, a simetria e o ordenamento das palavras do conteúdo falado.

Música é arte e ciência de combinar harmoniosamente os sons. A simetria entre as músicas que atendem a um segmento específico de ouvintes é chamada de programação. De acordo com a emissora, pode-se definir o estilo escolhendo músicas segmentadas por gêneros e ritmos. O conjunto de músicas que formam a *playlist* (relação de músicas executadas) de uma rádio é distribuído dentro da programação.

Efeitos sonoros podem ser utilizados em qualquer comunicação radiofônica, independentemente de sua duração, seu formato, tipo de texto ou conteúdo. A escolha de quais e quantos desses elementos vão integrar a comunicação radiofônica e a definição do momento em que devem aparecer dependem exclusivamente do resultado que se pretende. Para se fazer um trabalho radiofônico de qualidade, tanto informativo quanto de entretenimento ou serviços, é preciso passar ao ouvinte uma mensagem clara. O ouvinte deve entendê-la, captá-la. Logo, a escolha dos elementos se dá justamente segundo este objetivo: fazer-se entender pelo ouvinte. Isso ocorre em qualquer comunicação radiofônica, seja em AM, seja em FM.

O silêncio nada mais é do que a ausência de som. Mesmo diante dos avanços da tecnologia, a simplicidade do silêncio incorpora o mosaico de linguagens do rádio.

O silêncio fala, pois sua linguagem é composta de pausas e intervalos que podem expressar sentimentos, dúvida e reflexão. A pausa durante a leitura do texto, bem como o espaço inserido durante a fala, ressalta e valoriza a compreensão da linguagem.

No entanto, o silêncio – quando presente entre músicas e conteúdos falados – tende a diminuir o ritmo e a velocidade da programação. Deve ser utilizado com critério.

Na verdade, em AM vai-se ainda mais adiante, pois, além das características que lhe são adequadas, é o formato que, tradicionalmente, mais tem explorado os elementos e recursos da linguagem radiofônica. Mas não adianta utilizá-los se seu uso for indiscriminado e sem critérios. É preciso saber equilibrar, ou equalizar, para usar um termo bem radiofônico. E o equilíbrio só consegue quem leva em conta todas as características do veículo, suas funções, objetivos, os elementos e os recursos da sua linguagem.

O RÁDIO É SIMPLESMENTE OUVIDO

A plástica de uma emissora ou programa de rádio é muito importante. Quando me refiro à plástica, falo sobre o conjunto de vinhetas e efeitos sonoros em combinação com as músicas e a locução que venham a ser apresentadas no momento da transmissão. A plástica deve suprir a falta da imagem. Para que o ouvinte se sinta atraído pela programação, ele deve entender o que estamos falando. Devemos usar uma linguagem sem muitas formalidades, mas ao mesmo tempo rica em variações. Raramente os ouvintes param para ouvir rádio. Na maioria das vezes a audição acontece durante outras atividades, mais uma razão para que a linguagem seja fácil e objetiva.

DESENVOLVIMENTO DO ESTILO

Amplie seu raio de ação no mercado de trabalho e ganhe mais espaço no meio, procurando desenvolver vários estilos de locução. Não fique limitado a um só estilo, procure tornar-se mais versátil. Descubra-se, tente todos os estilos que quiser, mas descubra-se. Você pode começar pelo gênero jovem, de fala rápida e exposição das ideias de forma dinâmica e objetiva, ou então por um estilo mais suave, romântico e lento. Existem aqueles que se identificam com a locução de noticiários ou até mesmo com a narração esportiva; o importante é procurar se definir, com versatilidade. A estratégia usada nessa fase do treinamento é a constante observação dos profissionais ao desempenharem seu trabalho no rádio, acoplada ao treinamento individual. Após fazer isso, resta trabalhar o estilo e se aperfeiçoar. Mas não se esqueça: não imite, seja você mesmo.

DICAS ÚTEIS

Quando iniciei minha carreira de radialista, sentia um enorme vazio: o que falar naquelas horas em que não havia textos ou roteiros? Hoje, como docente de prática de locução, sinto nos meus alunos iniciantes e até em inúmeros profissionais a quem dou treinamento a presença deste grande problema: a necessidade de saber o que falar no instante do improviso. Entretanto, atualmente temos uma grande aliada no que diz respeito ao conteúdo: a internet. É por intermédio de sites de busca que procuramos informações e conteúdo, sendo o Google o mais difundido.

A informação necessária para um comentário que se queira fazer a respeito de músicas, notícias, conteúdos de entrevista ou de fatos variados estará sempre lá à sua disposição. Basta ter um pouco de tempo e determinação para desenvolver excelentes comentários durante o seu programa. Contudo, cabe uma observação: utilize-se desse material com bom senso e coerência. Existem muitos conteúdos na internet sem confiabilidade, que carecem de confirmação e requerem uma pesquisa mais detalhada, além da avaliação da fonte consultada.

Chamamos de emolduramento ou links de improviso as frases que antecedem os conteúdos falados. Para que esta obra tenha uma efetiva utilidade, relacionarei, a seguir, algumas frases comumente utilizadas durante um programa de rádio. Deve-se notar, no entanto, que o comunicador precisa variá-las constantemente, a fim de não se tornar repetitivo. Outra observação a fazer refere-se ao que se pode ou não falar no rádio. Ocorre que, em algumas emissoras, pode haver muitas expressões já estabelecidas a serem utilizadas durante a locução. Sei que, com o passar dos anos, algumas dessas frases poderão cair em desuso; porém, cabe ao locutor readaptá-las ao momento, pois a linguagem radiofônica sempre se adensa e evolui com a substituição de termos utilizados.

Entradas relativas ao ouvinte

- "Prazer enorme estar na sua companhia, 'Fernando César', até as dez da manhã."
- "É bom estar com você."
- "É bom estar em boa companhia."
- "Para você, sempre o melhor."
- "'Rádio Open', sempre nos melhores momentos."
- "Saindo da 'Rádio Open', o mundo mágico da música."
- "O mundo mágico no seu rádio, aqui na 'Rádio Open'."
- "Em casa, no trabalho, no carro, sempre em boa companhia – 'Rádio Open'."
- "Você me faz chegar a uma conclusão. Mesmo você estando aí e eu aqui, muita coisa existe em comum, estamos na sintonia certa – sintonia 'X'."
- "Mesmo a gente não se conhecendo pessoalmente, muita coisa existe em comum – 'Rádio Open'."
- "É o que eu sempre digo: fazer rádio é fazer novos amigos. Um alô para o 'César Abreu', da Vila Monumento, em São Paulo. Fique ligado, daqui a pouco você pode ganhar muitos brindes."
- "Olhando daqui do meu estúdio, no alto da avenida Paulista, posso imaginar você ouvindo este som, lembrando muitos momentos, pessoas e emoções. 'Rolando' para você o romantismo de Guilherme Arantes e, depois, Atlantic Starr, com *Always*."
- "Ainda hoje, no meu horário, toco para você as melhores músicas no seu fim de tarde. Em casa, no trabalho, no es-

critério, no trânsito: Toquinho e Vinicius, James Taylor, Elvis e muitos mais... Fique na 'Rádio Open' – 'Fernando César', até as dezenove horas, ao vivo..."

Entradas de comerciais

Na entrada do comercial, o locutor pode citar as músicas anteriores e usar o gancho para que a sequência não seja quebrada. Eis alguns exemplos:

- "Cinco horas e dez minutos na cidade – voltamos a seguir."
- "Vinte e cinco graus nos termômetros da 'Rádio Open' – daqui a pouco a temperatura vai subir por aqui: Supertramp na sequência."
- "Daqui a pouco, uma dica de show."
- "Daqui a pouco, uma dica de cinema."
- "Daqui a pouco, uma dica para o fim de semana."
- "Para você, que gosta de ouvir sucesso, na sequência tem Fabiana Belz – revelação do ano na MPB."

Entradas relativas à emissora

- "Fazer rádio é uma coisa sensacional. É dar notícias, tocar músicas, estar com você 24 horas por dia. A cidade agora tem uma nova opção para o final de tarde – 'Rádio Open', em 87,5 MHz. Com muito bom gosto no ar."
- "Horário de verão, tarde de verão, frequência do verão

– 'Rádio Open', em 87,5 MHz: muito calor, muito mais energia no ar."
- "Sintonia 'X', a sintonia do verão."
- "Sintonia 'X', a sintonia do seu fim de tarde."
- "Sintonia 'X', que combina com você."
- "Sintonia 'X', a sintonia que faz a sua cabeça."
- "Sintonia 'X', a sintonia que faz você relembrar."
- "Sintonia 'X', a sintonia dos momentos inesquecíveis."
- "Sintonia 'X', a sintonia que você ouve e não esquece."
- "Sintonia 'X', sabor de verão."
- "Sintonia 'X', sabor de saudade."
- "Sintonia 'X', sabor de lembranças."

Entradas relativas às músicas

- "Você ouviu toda a brasilidade, a genialidade e a arte de..."
- "Você ouviu toda a interpretação, a sensibilidade e o romantismo de..."
- "Ouvimos a beleza, a nostalgia e a saudade..."
- "Você ouviu com saudade, com o coração batendo mais forte, e com alguém muito especial na cabeça, o som de..."
- "Essa é pra você ouvir bem do ladinho daquela pessoa muito especial. Rolando agora..."
- "Ouvir música é viajar no tempo, é sonhar, recordar, relembrar, principalmente quando aparece por aqui uma dos Beatles."
- "Uma boa receita pra você que hoje está com o astral lá embaixo é se ligar em música, ainda mais quando

chega Elvis Presley cantando pra você *You're always on my mind*."
- "Sempre vale a pena ouvir de novo, com nostalgia e saudade, Jimmy Cliff – *Rebel in me*."
- "É o que eu sempre digo: música é feita pra você nunca se esquecer de lembrar. Agora, Michael Jackson com *One day in your life*."
- "Existem coisas que são difíceis de serem faladas. Existem coisas que são difíceis de serem escritas. Se tudo isso aconteceu em um só momento, estas coisas devem ser cantadas... Então vamos lá: John Lennon – *Imagine*."

Observação: Para que essas dicas possam ganhar mais expressão, você deve usá-las sempre em cabeças introdutórias ou no final das músicas.

Entradas relativas a blocos ou programas

- "Faça sua agenda na 'Rádio Open'."
- "Programe-se na 'Rádio Open'."
- "Coloque um barbante no dedo pra não esquecer e ficar fora dessa! Atenção os que se amarram em bons shows. Já, já, uma superdica."
- "A pedida de hoje é..."
- "Confira esta..."

Entradas relativas a noticiários

- "A notícia pelo rádio chega mais depressa. A seguir as notícias... Saindo da 'Rádio Open' e caindo no seu rádio as últimas notícias."
- "Daqui a pouco você vai ficar informado... Já, já, as notícias."
- "Agora o fato e a notícia pela 'Rádio Open'."
- "A seguir as notícias do Brasil e do mundo."
- "É sempre bom estar informado. 'Rádio Open' também é notícia."

ABERTURA DE HORÁRIO E TROCA DE LOCUTORES

Cada emissora possui um estilo e segmentação próprios. Via de regra, cada qual assume um estilo na abertura de horários (início de programas). Nesse momento são citados os nomes dos profissionais que produzem a programação: os técnicos de mesa, redatores, repórteres, programador musical e o próprio locutor. Normalmente, costuma-se passar informações gerais, como hora certa, previsão do tempo, situação do trânsito e das estradas.

Para que você possa causar um bom efeito na abertura do horário, procure ter ritmo, vibração e objetividade. Venda o que vem a seguir, ou seja, desperte o interesse e a curiosidade dos ouvintes informando as principais atrações do seu programa e as músicas de maior sucesso que serão executadas no decorrer da hora que se inicia. A plástica (trilhas e vinhetas) nessa hora deverá ser igualmente vibrante para que capte a atenção do ouvinte. Para que a programação não perca seu ritmo, procure fazer suas aberturas aproveitando as introduções das músicas que iniciam o bloco da hora. Tente fazê-lo sem atropelar o cantor, ou seja, fale somente na parte da introdução musical.

É essencial que você planeje o que vai falar, evitando comentários mal elaborados ou ideias sem sentido. É nesse ponto que você se apresenta, falando seu nome. Já imaginou uma observação mal formulada ou sem graça envolvendo o seu nome? Evite essa situação; faça dessa hora um momento de descontração e amizade, em que o ouvinte se identifique com você e com a emissora. Aproveite para comentar sobre shows e bons programas na cidade. Existem emissoras e locutores que fazem desse momento o ponto alto da programação. Outras emissoras não enfatizam a troca de horário entre os locutores, por seu estilo mais elitizado ou mais tradicional.

PREFIXO DA EMISSORA

Em geral o locutor fala o prefixo da emissora nas horas cheias, usando como fundo uma vinheta pré-estabelecida pela rádio ou a cabeça de música que abre o módulo. Também existem prefixos gravados e a seco.

12 REGIONALISMO RADIOFÔNICO

É IMPOSSÍVEL TORNAR UMA RÁDIO UM SUCESSO SEM INSERI-LA NA COMUNIDADE. O REGIONALISMO TEM PRESENÇA FORTE NA AUDIÊNCIA RADIOFÔNICA. O LOCUTOR DE ANTIGAMENTE TRANSFORMOU-SE NO COMUNICADOR DE HOJE; O CONTEÚDO FALADO DEVE LEVAR ÀS PESSOAS INFORMAÇÃO, ENTRETENIMENTO, PRESTAÇÃO DE SERVIÇOS E NOÇÕES DE CIDADANIA. O comunicador precisa levantar uma bandeira, defender uma filosofia, uma maneira de pensar. No processo de capacitação e qualificação do radialista, é fundamental que ele seja estimulado a descobrir suas potencialidades e vocações sociais. É por meio dessa identidade que se destacará dos outros.

LINGUAGEM ADEQUADA

Existe certo desconhecimento por parte de muitos radialistas quanto à força interativa que exercem em relação aos seus ouvintes. O locutor precisa conversar com o ouvinte. Vozes impostadas e que se acentuam nas frequências graves da tessitura vocal atualmente já são consideradas fora de moda. O locutor precisa adequar sua voz ao formato do rádio, agindo como um amigo que conversa e fala de forma natural. Para podermos entender por que isso ocorre hoje, precisamos voltar ao passado.

Nos primórdios do rádio brasileiro, o pioneiro Roquette Pinto se dirigia aos estúdios da Rádio Sociedade do Rio de Janeiro para apresentar o *Notícias da manhã* e lia diretamente nos jornais do dia as matérias a reproduzir, selecionando-as com um lápis vermelho. Estava lançando no país o jornalismo radiofônico. Não era ainda um radiojornalismo adequado às características do meio, diga-se de passagem, o que apenas seria alcançado em 1941, durante a Segunda Guerra Mundial, quando a Esso Brasileira de Petróleo inaugurou, na Rádio Nacional do Rio de Janeiro, o famoso *Repórter Esso*.

O *Repórter Esso* foi o radiojornal de maior sucesso na história das comunicações do país. Sua reputação atingiu tal prestígio a ponto de a comprovação dos fatos passar necessariamente pelas ondas da Nacional. Em um manual gravado do *Repórter Esso*, havia orientações para repórteres, redatores e apresentadores. Era apresentado pelo inesquecível Heron Domingues, que de maneira pausada orientava:

> É com voz clara, precisa e impostada que o locutor do *Repórter Esso* deve passar a notícia pelo rádio. Com boa dicção, articulação e pronúncia, deve abrir com o slogan composto da seguinte frase: *Este é o* Repórter Esso – *testemunha ocular*

da história, o primeiro a dar as últimas. É de cinco minutos a duração no ar de cada edição normal do *Repórter Esso*. A abertura terá vinte segundos e o encerramento quatro. Quarenta segundos de mensagem comercial e as notícias serão na proporção de: nacionais 40%, locais 40% e internacionais 20%.

O conceito de "furo" subordina-se à verdade do acontecimento. Deve-se procurar dar a notícia certa, se possível, em primeira mão. A abertura é padronizada: *Prezado ouvinte, bom-dia (boa-tarde, boa-noite). Aqui fala o Repórter Esso, um serviço público da Esso Brasileira de Petróleo e dos revendedores Esso com as últimas notícias da UPI*. O encerramento também é padronizado: *O Repórter Esso voltará ao ar logo mais (ou amanhã) às ... horas. Até lá e lembre-se: dá gosto parar num posto Esso*.

Esse formato sobreviveu até o ano de 1968, quando, com voz embargada pela emoção, os locutores Heron Domingues e Roberto Figueiredo se despediram na última transmissão do *Repórter Esso*. A partir da década de 1970, o rádio passou a adotar uma linguagem mais coloquial, conversada e intimista. Fatores que marcaram a mudança foram a influência da linguagem da televisão e a mobilidade adquirida, que se tornou possível graças ao transistor.

O rádio passou a se misturar com a vida dos ouvintes, libertando-se das tomadas para entrar nos automóveis e nos bolsos deles. A locução impostada foi dando lugar à comunicação mais espontânea e natural. As radionovelas e as cantoras do rádio passaram a ceder espaço a um rádio mais dinâmico e presente no dia-a-dia.

O radiojornalismo ganhou mobilidade e instantaneidade, com informações do trânsito nas avenidas e estradas e do tráfego aéreo. O ouvinte passou a ter o rádio não só como fonte de entretenimento, mas também como meio de informação e prestação de serviços. Isso mudou a linguagem da locução radiofônica. A colocação da voz ao microfone ganhou contornos mais naturais, espontâneos e coloquiais.

A década de 1990 marcou a chegada das redes de rádio via satélite a nosso país. Essa nova fase do rádio foi recebida com enorme preocupação pelas pequenas emissoras. A meta inicial das grandes redes era unificar ao máximo suas afiliadas, segundo um modelo radiofônico estabelecido por um conteúdo-padrão. No início, até que o sistema pareceu funcionar, mas com o passar do tempo o que predominou mesmo foi a força da programação regional. Por exemplo: que interesse teria um gaúcho em Passo Fundo, ouvindo uma rede de rádio de São Paulo, em saber que o trânsito estava lento no cruzamento da avenida Paulista com a alameda Casa Branca? Que relevância teria, para o capixaba de Vitória, saber que a meteorologia previa tempo instável e chuvas para o final da tarde na capital paulista? Aos poucos, as redes de rádio, como a Jovem Pan, Transamérica, Band, Antena 1, Rede Gaúcha, Rede Itatiaia, passaram a abrir sua grade de programação para que suas afiliadas transmitissem programas regionais. O sistema via satélite teve de enfrentar diversas adequações a fim de se estabelecer, pois, na verdade, quem ouve rádio normalmente quer saber dos fatos relacionados com sua região, das notícias da sua cidade.

Os valores regionais são muito distintos e bem definidos quando o assunto é audiência local. Muitas foram as oportunidades que tive para constatar a força regional do rádio brasileiro. Poucas foram as vezes em que presenciei uma afiliada de rede nacional dominando a audiência local. As emissoras regionais sempre lideram no quesito preferência do público.

Diversos são os fatores que influenciam o ouvinte, a começar pela acessibilidade dos comunicadores. Outro fator relevante é a possibilidade de interagir e de ajudar a construir o conteúdo da programação da rádio; finalmente, deve-se mencionar o acesso ao microfone para as reivindicações sociais e reclamações dirigidas aos órgãos públicos locais.

Isso me faz recordar um bom amigo, Nereu Lima, proprietário da Rádio Tropical de Treze Tílias, cidade de colonização austríaca localizada no oeste de Santa Catarina. Líder de audiência na cidade e na região, disse-me certa vez que, ao contrário de muitos colegas radiodifusores, não tinha a preocupação de concorrer com as rádios afiliadas de redes via satélite. Confidenciou-me, ainda, que emissoras ilegais na sua região não se estabeleciam: primeiro, porque ele, junto com a Anatel (órgão federal responsável pela fiscalização do setor), não dava trégua a elas; e, segundo, porque abria as portas da sua rádio para a comunidade.

Seu segredo: participar das atividades do município, envolver-se com escolas, igreja e população. Isso fortaleceu seu poder comercial entre os anunciantes locais, levou uma imagem de credibilidade aos órgãos públicos e agências de propaganda e, o mais importante, fez que conseguisse estabelecer uma relação de fidelidade com os ouvintes, que retribuíam com a audiência. Seu sucesso estava alicerçado numa aliança comunitária entre a emissora e a população da região.

13 TECNOLOGIA SE COMPRA, MÃO-DE-OBRA SE FORMA

Se fizermos uma retrospectiva da história do rádio no Brasil, considerando o período que vai desde as experiências do padre brasileiro Roberto Landell de Moura, do italiano Guglielmo Marconi e do alemão Heinrich Hertz até nossos dias, constataremos que o rádio sempre se beneficiou da alta tecnologia.

No início da década de 1940, o rádio ainda permanecia preso às tomadas. Em 1948, o japonês Akio Morita aperfeiçoou o transistor, que possibilitou uma revolução na radiodifusão, pois apareceram os receptores portáteis.

O aparelho receptor ganhou liberdade de circulação. A portabilidade fez que o aparelho se incorporasse definitivamente à vida das pessoas. Atualmente, o rádio migra para a tecnologia digital. A qualidade sonora e os recursos da interatividade com o ouvinte possibilitam a disputa de outros espaços do mercado publicitário, sem mencionar a possibilidade de gerar outros conteúdos, além da frequência principal.

Hoje já existe um consenso bem amadurecido entre os radiodifusores de que equipamento se compra e mão-de-obra se forma. De nada adianta ter estúdios bem montados e um parque técnico de ponta se, na hora em que a luzinha vermelha sinalizadora do estúdio se acende, mostrando que o programa está no ar, começar a falar um locutor inseguro, com pouco conteúdo e despreparado.

Recordo-me de que, até bem pouco tempo atrás, ao apresentar meus programas no rádio minha voz era levada ao ar por meio das ondas eletromagnéticas. Até então, nunca imaginei que poderia chegar até as pessoas por outro meio que não fosse o rádio. No entanto, agora minha mensagem chega ao caro leitor por meio da linguagem escrita.

Muitas coisas que ocorreram comigo confesso até ter planejado, outras não, foram acontecendo como um desdobramento das oportunidades e dificuldades que foram surgindo. Editar este livro, por exemplo, veio da percepção da escassez de material oferecido na formação do radialista brasileiro.

As coisas começaram lá atrás, no início dos anos 1980, quando o formato de FM ainda se estruturava e se estabelecia. Sinto-me integrante de uma categoria de profissionais que aprendeu a fazer rádio pela experiência adquirida, e não pelo treinamento dirigido, uma geração que não usufruiu de métodos pré-estabelecidos. Contudo, como muitos, cheguei até aqui movido pela paixão e pela vontade de trabalhar nessa área. De certa forma, procuro compartilhar com o leitor alguns fundamentos, sobrevindos do conhecimento adquirido em minha convivência profissional no rádio.

Como consequência, pude também ministrar mais de uma centena de cursos de treinamento que me levaram a viajar por várias regiões brasileiras e conhecer em detalhe o rádio do nosso país. Na história da radiodifusão brasileira, o veículo nunca cresceu tanto em número de emissoras instaladas como na década de 1980. O mandato do então presidente da República José Sarney (1985-1990) foi marcado pela expansão das emissoras de AM e FM no Brasil. Muitas rádios foram instaladas em todo o território nacional; no entanto, a mão-de-obra não acompanhou de forma proporcional o seu crescimento. Existe uma grande carência de treinamento e formação profissional na área.

REGIÕES DIFERENTES COM PROBLEMAS SEMELHANTES

Quando você se desloca por um país de extensões continentais como o Brasil, tudo muda no percurso: a geografia, o clima, o sotaque, a cultura, o folclore, os ritmos musicais, a política e a economia. Entretanto, quando o assunto é rádio algumas coisas geralmente se repetem.

Primeiro, noto que os problemas do rádio em nosso país são sempre os mesmos. Segundo, observo que os radiodifusores, donos das emissoras de rádio e proprietários legais do negócio, sem saber, dividem essa posse com os ouvintes. Quem ouve uma rádio e a tem como favorita começa a considerá-la um item individual de preferência. Esse é um fator de suma importância, dada a necessidade da emissora de se comprometer com uma programação regional para poder se estabelecer como negócio.

Finalmente, posso constatar que somos todos apaixonados pelo que fazemos. A emoção de fazer rádio é única, tanto para radialistas quanto para radiodifusores. A paixão e o amor pela profissão também existem em qualquer região do país. Meu objetivo neste capítulo é levar você, leitor, a refletir sobre alguns fatos segundo uma visão mais crítica, para que no futuro possamos construir soluções.

Por que será que o rádio no Brasil precisa evoluir e se profissionalizar mais? Quando piora o faturamento, em muitas rádios a locação de horários para igrejas e movimentos religiosos tem sido uma das alternativas mais comuns. Sempre tento abordar o assunto de forma ponderada: não sou contrário à grande presença das igrejas no rádio, mas à falta de profissionalismo com que o conteúdo é levado ao ar.

É importante ressaltar que no segmento gospel existem redes evangélicas que se preocupam em transmitir conteúdos com qualidade. Entretanto, observo que em grande parte das programações não existe o devido cuidado quanto à sua estética e ao seu formato. Muitas vezes quem fala ao microfone não segue os padrões da linguagem radiofônica. Programas mal produzidos prejudicam a imagem da emissora, exercendo, de certa forma, influência negativa sobre a audiência.

Outra questão delicada é a defasagem tecnológica dos equipamentos nos estúdios das rádios, fator que costuma estar presente em inúmeras regiões do país. Existem rádios que pararam no tempo, pois ainda mantêm estúdios desatualizados e sucateados, que mais parecem acervos históricos. Muitos empresários resistem à entrada das novas tecnologias em suas rádios.

Enfim, o mais limitador de todos os problemas é o formato artístico "massa de manobra", que se utiliza da força e do prestígio do rádio para fazer política. Ao divulgar meias verdades, notícias tendenciosas e matérias compradas, muitas emissoras perdem espaço e credibilidade não só entre os ouvintes mas também no que concerne ao mercado publicitário. Diante dos fatos, resta ao radiodifusor correr atrás de recursos financeiros para cobrir as contas no vermelho. O que esperar, em curto prazo, de um mercado no qual 65% dos donos do negócio são ligados à política ou amigos do poder? Apesar disso, tenho uma visão bastante otimista em relação ao futuro, visto que o rádio brasileiro segue o mesmo modelo capitalista dos Estados Unidos quanto ao mercado de mídia eletrônica, no qual quem não se atualiza, profissionaliza e renova não se estabelece.

14 INICIAÇÃO À PRÁTICA DE LOCUÇÃO

É UM ENGANO PENSARMOS QUE SER DONO DE UMA BELA VOZ É SUFICIENTE PARA SER UM BOM LOCUTOR. O BOM PROFISSIONAL DE RÁDIO É AVALIADO POR SUA ORIGINALIDADE, PODER DE SÍNTESE, CRIATIVIDADE, CAPACIDADE DE IMPROVISAÇÃO, CARISMA E TAMBÉM POR UMA VOZ BEM UTILIZADA. A voz é um elemento essencial na comunicação pelo rádio e, quando mal trabalhada ou impostada, provoca um efeito negativo na execução da comunicação pelo microfone. Para que possamos aproveitar ao máximo o potencial de nossa voz, devemos avaliar os pontos descritos a seguir.

Adquira o hábito de falar no tom correto e evite notas extremas da tessitura. Você já deve ter observado locutores forçando o grave da voz, tentando torná-la mais cheia ou aveludada. Isso pode adquirir um aspecto caricato, além de fazer que soe desagradável. Procure desempenhar sua locução de acordo com os limites da tessitura vocal, utilizando uma modulação natural variada entre os tons graves, médios e agudos.

Procure fazer que a ressonância ocorra na máscara da face, pois o som deve fluir solto e claro com o impulso diafragmático. Observe se a sua produção de voz não é gutural ou anasalada. Você deve fazer uso do diafragma, que é um músculo de grande superfície, côncavo-convexo, que separa a cavidade torácica da abdominal e intervém diretamente na respiração. Quando utilizado, produz a voz de maneira mais clara, com maior potência em sua tessitura. Chamamos de voz gutural aquela que é refletida na garganta, acima da laringe, perdendo todo o seu colorido e ressoando, assim, de maneira forçada.

Coordene corretamente a articulação de palavras com a respiração. Quando falamos, devemos articular com correção as palavras para que elas sejam compreendidas pelo ouvinte. A não-observação, durante a leitura, de sinais de pontuação, que subdividem uma frase nos tira os momentos de tomada de ar. Consequentemente, entrecortamos as frases, prejudicando a compreensão do sentido do texto lido.

FATORES QUE FAVORECEM A COMUNICAÇÃO

Ouvir música, escutar o noticiário, inteirar-se da previsão do tempo, prestar atenção naquele apresentador, aprender aquela receita culinária, tudo isso pode ser experimentado com o rádio. Grande ou pequeno, com ou sem recursos avançados, essa invenção tecnológica conquistou o público do mundo inteiro. Bastam uma boa música, uma notícia importante, uma voz cativante para o ouvinte se tornar um fiel adepto do rádio.

Existe uma série de fatores envolvidos na locução radiofônica durante o momento da fala.

Sendo o rádio destituído de imagem, o locutor precisa contar com os recursos de áudio para criar cenários na imaginação do ouvinte. Dentre os fatores que favorecem a comunicação radiofônica, destacam-se as vinhetas, os efeitos sonoros, as trilhas, as músicas, aliados aos recursos da comunicação e ao carisma do locutor. No que se refere a ele, a seguir serão listados fatores determinantes de sua comunicação pelo rádio.

Voz: utilize técnicas para o melhor aproveitamento das qualidades vocais (altura, intensidade e ressonância). Devemos manter sempre o padrão normal da voz, afinal o nosso trabalho depende dela. Respeite as regras já citadas anteriormente e aprenda a conviver com elas.

Respiração: uma respiração sem coordenação fará que o locutor entrecorte palavras, divida assuntos e interrompa linhas de raciocínio. Um fator que influencia de forma constante a respiração é a tensão emocional; o microfone capta o nervosismo e repassa a insegurança de quem fala. É nos momentos em que há o ponto e a vírgula que o locutor deve fazer suas tomadas de ar. Cuide, no entanto, para que a interpretação durante a leitura não se apresente de forma cadenciada e entrecortada devido às pequenas paradas para respirar.

Dicção: treine a pronúncia correta dos sons da fala. Exercícios de articulação deverão ser feitos para a superação de eventuais dificuldades. Segundo pesquisas, o ouvinte dobra sua atenção quando o locutor começa a falar. Essa característica bem peculiar ao rádio agrega valores ao resultado final da mensagem. Diante desse fato, imagine como é ruim ouvir um locutor cometendo erros de dicção. Atente para a maneira com que pronuncia as palavras dentro das frases, observando sua forma de falar. Suprimir o S e o R das palavras afeta totalmente a qualidade da pronúncia. Trata-se dos chamados erros crassos, que ferem os ouvidos. Afinal, o objetivo do radialista é ter sua fala bem compreendida. Os fonoaudiólogos sempre recomendam o uso de uma pequena rolha entre os dentes da frente na hora de preparar um texto para a leitura. O processo ajuda no aquecimento da musculatura da face e favorece o desempenho do locutor no momento da fala. Procure preparar com certa antecedência o texto a ser lido, pois os riscos de erro de dicção, assim como de leitura, diminuirão consideravelmente. Na falta de uma rolha, procure substituí-la por uma borracha escolar, também colocada entre os dentes da frente.

Ritmo: sua variação proporciona mais dinâmica e movimento à locução. Procure impor a velocidade da fala e adaptá-la a diferentes situações durante a leitura. O ritmo deve estar presente nas passagens de uma música para outra, ou mesmo entre uma notícia e outra, com o acompanhamento da trilha de fundo. Antes de iniciar uma locução, o comunicador deve estar atento ao ritmo da música ou trilha abaixo da sua fala. Nesse momento, o ritmo deve se estabelecer de forma harmônica e vibrante, quando assim se fizer necessário. No caso de o locutor operar a mesa do estúdio durante o programa, é preciso observar o ritmo dos elementos de áudio por ele sincronizados. Ao cruzar vinhetas, músicas e trilhas, preste atenção em como estão coordenados os ritmos entre si, evitando cruzar vinhetas rápidas com músicas lentas ou vice-versa.

Pontuação: respeite os sinais gráficos e modifique a pontuação de acordo com a situação e a ênfase que deseja dar ao assunto. É importante estar atento às tomadas de ar durante a locução, pois a não-observação dessa etapa pode tirar completamente o sentido da frase. Se houver necessidade de mudar a pontuação para que a frase ganhe um efeito diferente, cuide para que seu sentido não seja alterado. No rádio, a pontuação serve para associar a ideia à sua unidade sonora, isto é, ela marca unidades fônicas, e não gramaticais. Para que isso ocorra, precisamos do ponto e da vírgula. A vírgula serve para marcar uma pausa reduzida; respira-se e introduz-se uma pequena variação na entonação. O ponto indica o final de uma unidade fônica completa, com pausa mais longa que a da vírgula. O ponto parcial indica a entonação que marca o término de uma frase. O ponto final marca o término de um parágrafo.

Gramática: saiba usar corretamente as regras gramaticais, evitando erros de linguagem. Não raras vezes o locutor necessita escrever algo para falar. Cuide para que não ocorram erros de linguagem ou de concordância durante a locução. Estes tornam-se erros gravíssimos se cometidos por um profissional de comunicação. Portanto, para redigir bem um texto para rádio procure observar a correta construção gramatical. Procure observar também os itens que compõem o texto, colocando-se no lugar do ouvinte, que não pode ser tratado como um leitor. Construa frases de forma organizada. Esteja seguro de suas ideias. Seja natural, conciso, simples e direto. Ao finalizar o texto, procure lê-lo em voz alta para poder verificar se há boa sonoridade e ritmo.

Vocabulário: uma palavra bem aplicada pode economizar muito esforço tanto de quem fala como de quem ouve. O vocabulário adequado é um pré-requisito da comunicação. Para que o locutor possa desenvolver um bom vocabulário, ele precisa, antes de tudo, gostar de ler. Nos bastidores da música popular brasileira, conta-se que, certa vez, fizeram a seguinte pergunta ao compositor Adoniran Barbosa: "Qual o segredo para escrever uma boa letra de samba?". E sua resposta foi: "Para escrever uma boa letra de samba, bonita e sensível, primeiro tem que ser 'nafabeto', só se for 'nafabeto' se escreve bem". Claro que o inesquecível Adoniran Barbosa fez um gracejo, querendo dizer que, para conhecer a realidade da periferia, a pessoa tem de viver ou ter vivido dentro dela. Estava certo. No entanto, quando o assunto é vocabulário de rádio, atualmente as coisas já são bem mais complexas.

Um locutor não pode se dar ao luxo de ter um vocabulário pequeno, composto apenas do básico. Se seu objetivo é fazer a diferença, é necessário que se prepare, criando o gosto pela leitura. Para aprimorar o vocabulário deve-se ler de tudo, de todos e sobre todos. Deve-se cultivar um léxico composto de palavras adequadas, sempre respeitando o conhecimento do ouvinte. Evite expressões muito complicadas e cheias de retórica, seja claro e acessível, respeitando os diferentes níveis de conhecimento entre os ouvintes.

Entusiasmo: contagie os ouvintes, de forma a transmitir otimismo e vivacidade, porém de maneira natural. Ser otimista ou entusiasta não significa que se possam cometer exageros. Um astral positivo, seguido de simpatia e carisma, atrairá as pessoas ao seu redor. O rádio se utiliza do entusiasmo para fidelizar a audiência. Procure ser companheiro do ouvinte, transmitindo alegria, credibilidade e colorido nos momentos certos da programação. Junte os recursos de sua locução com os efeitos da plástica da emissora (músicas, trilhas e vinhetas). O bom senso deve estar presente, pois há momentos em que o entusiasmo em demasia pode deixar sua locução forçada e carregada.

Conteúdo: identifique a mensagem principal e a expresse sugestivamente. Mantenha-se sempre bem informado sobre os acontecimentos do dia-a-dia. Assuntos relacionados com política, esportes, economia e atualidades são os que mais interessam ao público. Permaneça atualizado: esse será o seu diferencial em relação a outros profissionais. Atualmente, a qualidade da voz não representa o que representava no passado, pois a tecnologia evoluiu muito no que diz respeito a equipamentos que compensam o brilho e força natural de que uma voz pode não dispor. No entanto, por mais que a tecnologia avance, jamais haverá um equipamento que supra a falta de conteúdo do locutor. Ao desenvolver seu raciocínio, demonstre o conhecimento de forma discreta, contida e respeitosa. No rádio, falamos para um público que, na sua maioria, é composto de pessoas simples, sendo que muitas delas com certeza não tiveram acesso à formação escolar e ao conhecimento formal. Uma exposição acessível fará a diferença. Evite as conhecidas "abobrinhas", sem lógica nenhuma, pois desvalorizam seu trabalho. Muitas vezes os locutores, principalmente de FM, utilizam comentários carregados de ironia e crítica a respeito de certos fatos em evidência. Use o bom senso e o bom humor. Isso valorizará o seu papel de formador de opiniões.

Originalidade: tenha criatividade, seja você mesmo. É importante ser identificado pelos ouvintes por um estilo próprio, e não pela imitação de outros profissionais. Um dos grandes problemas do nosso rádio é a mesmice, ou seja, o fato de fazer as mesmas coisas que todos fazem, do mesmo jeito. A criatividade faz a diferença nessas horas. Você precisa desenvolver o bom senso para prever o que pode ou não dar certo. Existem comunicadores que, pelo desejo de se tornarem diferentes e únicos, acabam com a imagem prejudicada no mercado e também do ponto de vista do público. A tentativa de ser original, contudo, não torna aceitável a utilização do microfone para colocar o ouvinte em situações bizarras ou constrangedoras, assim como a opção por palhaçadas mal produzidas. Ser original requer inteligência, bom gosto e muita informação. É perfeitamente normal nos espelharmos em profissionais mais experientes, mas isso não significa que devemos imitá-los. Procure observar a forma como desenvolvem o trabalho, a maneira como envolvem os ouvintes, e transfira esse aprendizado para o seu estilo. Existem situações durante nosso trabalho nas quais necessitamos fazer grandes mutações em nosso estilo, em geral em razão da transferência de uma emissora para outra, principalmente quando os segmentos de público não são os mesmos. Cada mudança deve representar um desafio a ser superado. Mesmo perante as mudanças, não se esqueça de ser você mesmo.

15 TÉCNICAS DE LOCUÇÃO

A locução refere-se ao modo de falar, envolvendo a linguagem e a expressão. Nada mais é do que a fala ao microfone, em que expressamos ideias e sentimentos. Como vimos anteriormente, não existem fórmulas mágicas para formar um bom locutor. Existem recursos que, quando bem aproveitados, ajudam a formar um bom profissional.

O LOCUTOR E A VOZ

No capítulo 6, "Desenvolvendo a voz profissional", abordamos algumas maneiras de manter o bom desempenho da voz durante a locução e também alguns cuidados que devem ser tomados quanto à sua conservação.

A seguir, alguns pontos a serem observados pelo locutor quando estiver falando ao microfone:

- Controle as tomadas de fôlego, que devem ocorrer nos momentos certos.

- O ar deve ser expelido de maneira lenta e regular para que a respiração seja silenciosa.
- O tom deve ser médio e equilibrado para não cansar nem o locutor nem o ouvinte.
- Na locução a dois é ideal que haja o contraste de vozes, principalmente na leitura de notícias.

O LOCUTOR E AS NOTÍCIAS

O noticiarista deve transmitir certeza, segurança e credibilidade ao falar. Tanto no texto lido como na notícia comentada, passe convicção em sua locução. Na maioria das vezes, o ouvinte fica mais atento quando o locutor entra no ar expondo uma ideia, fato ou notícia do que quando parte para a execução de uma música. Ao apresentar um noticiário leve em consideração os seguintes detalhes:

- Procure tomar água antes da locução; é preciso manter as cordas vocais sempre hidratadas durante a fonação.
- Leia três vezes o texto. A primeira para certificar-se do corpo da matéria, a fim de determinar os moldes da interpretação durante a leitura. A segunda para verificar a existência de nomes estrangeiros, palavras de difícil pronúncia ou a presença de números ou cifras. A terceira para definir sua modulação, projeção de voz e ritmo da leitura.
- Fique atento ao roteiro e aos sinais do operador de áudio, caso você não opere a mesa durante a leitura do texto. A

sincronia entre a técnica e a locução é essencial no radiojornalismo. Durante a apresentação do jornal, será um erro grave se você chamar uma matéria e entrar outra.

- Articule corretamente o seu texto, definindo bem a pronúncia das palavras, principalmente naquelas terminadas com S ou R.
- A interpretação e a entonação durante a leitura da notícia devem ser bem-feitas para que não se perca o sentido ou se cometam exageros.
- Realce bem o final das frases do texto, fazendo um breve intervalo para que não se misturem os assuntos contidos nas notícias. Se houver trilha de fundo (BG), uma breve elevação do áudio entre uma notícia e outra também causará o efeito de intervalo.
- Preste atenção, ao chamar matérias externas, para não trocar o nome de repórteres ou outras pessoas. O mesmo vale para notícias envolvendo números: cuide para que não sejam trocados ou confundidos.
- Na locução a dois, é sempre importante que exista uma diferença no timbre de vozes. Isso imprime mais ritmo e dinamismo ao jornal. Deve-se estar atento também à sincronia durante a leitura, para que um não atropele a locução do outro.
- Se cometer algum erro, utilize palavras como *ou melhor*, *ou seja*, confira um leve sorriso aos lábios e continue. Não chame a atenção para o fato, pois o ouvinte de rádio, na maioria das vezes, está fazendo outras coisas, não se apercebendo tanto dos erros como quando vê televisão.

RESPIRAÇÃO

Como já abordado, o aparelho respiratório tem uma relação direta com a voz. Quando mal utilizado, compromete o desempenho do locutor. Considere cuidadosamente os itens a seguir:

- *Relaxe*. Utilize-se de regras e exercícios de relaxamento.
- *Leia sem pressa*. Nunca demonstre pressa ao ouvinte ao ler ou falar alguma coisa. Isso denota falta de interesse pela matéria e também pelo ouvinte. Não confunda pressa com entusiasmo ou ritmo, são coisas completamente diferentes.
- *Não continue lendo até que acabe o ar expirado*. Procure abastecer-se de ar no momento certo da frase, para não perder o fôlego durante a locução. Sempre finalize a frase com reserva de ar.
- *Não inspire por períodos curtos*. A inspiração curta faz que a locução fique entrecortada. Procure definir os pontos exatos em que pode ocorrer a inspiração.
- *Não leia automaticamente, decodificando apenas a mensagem; procure captar o sentido do texto*. Prepare a leitura do texto de forma a assimilá-lo completamente. Isso vai ser útil na hora de emitir seu parecer ou comentário.
- *Observe atentamente o início das frases*. Ao iniciar a leitura, procure utilizar uma leve projeção de voz para chamar a atenção do ouvinte. Quando "desanunciar" uma música ou passar de uma parte do programa para

outra, procure usar ganchos para que o ouvinte possa perceber as mudanças de assunto. As expressões devem ser variadas a fim de não se tornarem repetitivas.
- *Não exagere na inspiração a ponto de não poder dosar a quantidade necessária de ar para uma fonação tranquila.* Quando o locutor inspira demasiadamente, aumenta a pressão do ar dentro dos pulmões, e a tendência é de que a pressão se estenda a todo o aparelho fonador, fazendo que ocorram alterações na voz. O excesso de ar também provoca os chamados *pufs*, caracterizados pelo deslocamento de ar na cápsula do microfone. Isso provoca uma compressão interna no equipamento e, na sequencia, uma inevitável saturação.

IMPROVISO

Ao expor um comentário, certifique-se de conhecer o assunto de forma abrangente e específica, pois o improviso é algo muito sério e fundamental na linguagem do rádio. Ao apresentar a notícia ou comentar um fato, a boa construção do improviso é imprescindível, e vem do conhecimento individual de cada comunicador. É importante observar que o improviso provém de um trabalho constante, em que a leitura e o gosto pela informação são determinantes.

Tanto na comunicação popular como durante o noticiário tradicional, em AM ou FM, quem expõe o conteúdo falado ao microfone é chamado de comunicador. O locutor é o profissional que apenas apresenta notícias e músicas de forma resumida durante um programa. Em sua grande maioria, os programas são apresentados ao vivo – em tempo real. Sendo assim, o locutor de rádio é levado a desenvolver uma característica básica em seu trabalho: o improviso. Sem esse recurso, fica preso a roteiros e textos escritos, não conseguindo desenvolver uma comunicação natural e espontânea.

O poder da improvisação não nasce com o profissional. A habilidade vem do treino, desenvolvendo-se com o tempo, com a experiência individual. Para situações imprevistas, mais vale uma abertura ou passagem de programa bem escrita e interpretada do que uma tentativa arriscada de improviso. A falta de pontuação e acentuação corretas acaba com a frase, tirando-lhe o sentido e dificultando o entendimento. O comunicador só deve partir para o improviso se o assunto abordado for de seu total conhecimento.

Siga as orientações a seguir para desenvolver a capacidade de improviso:

- Evite tomar partido ou falar sobre assuntos que não conhece.
- Certifique-se de conhecer bem o assunto abordado.
- Construa uma linha sucessória de fatos na mente antes de discutir o assunto.
- Defina o começo, o meio e o fim da ideia a ser exposta.
- Procure ser mais abrangente do que específico quanto ao assunto tratado.

- Evite gírias e expressões muito coloquiais ao falar, elas podem desvalorizar sua ideia. Exemplos: "tipo assim", "cê tá me entendendo?", "valeu, galera", "pô, cara", "valeu, brother", "legal, mano", "manda aí, chegado", e tantos outros termos. Não se deve generalizar a gíria no rádio. Dependendo da emissora e do público-alvo, o uso desses termos é válido para uma aproximação maior do ouvinte. Isso normalmente acontece em rádios que voltam sua programação ao público jovem. Cabe ao locutor usar o bom senso na aplicação de termos comuns ao segmento.
- Procure concatenar toda a sua participação com a dos outros, ou seja, se houver outros conteúdos além do seu, faça que a sua ideia se integre no bloco mais adequado ao assunto.

EM PÚBLICO

Não é de hoje que os locutores de rádio não se restringem apenas às quatro paredes do estúdio. Antigamente, os programas de auditório exigiam dos apresentadores um envolvimento direto com a plateia. Apresentar um programa ao vivo, mantendo a sincronia entre as atrações, entretendo as pessoas presentes e envolvendo as que ouviam pelo rádio, exigia do comunicador, além de muito talento, um grande preparo. Desenvolver técnicas para falar em público é essencial ao profissional de locução, pois existem momentos em que falar bem no ar é tão importante quanto falar bem ao microfone em público. Quando se trata da arte de falar em público, sempre procuro tecer algumas considerações a respeito. Comunicar-se com o público à sua frente requer sensibilidade para o trato com o ser humano. Somos seres extremamente inteligentes, dotados de uma aguçada percepção. Reagimos positivamente a um simples sorriso, a gestos afetuosos transmitidos pelo corpo do nosso interlocutor. Subentendemos ideias transmitidas apenas por expressões faciais. Muitas vezes, um levantar de sobrancelhas, um franzido na testa, um movimento de cabeça ou a expressão de um olhar proporcionam um entendimento que poupa muitas palavras quando se está diante de uma plateia. Estar diante do público requer domínio não só da situação, mas também da energia que naturalmente emana das pessoas.

O rádio me propiciou muitos encontros com o público. Mesmo convivendo com essas situações durante esses anos todos, por incrível que pareça, sempre fico em estado de alerta quando tenho de enfrentar uma plateia. Em palestras, eventos ou ações em que existam pessoas à minha volta me observando, fico internamente bastante alterado. Particularmente, gosto muito de pesquisar sobre esse assunto. Pude verificar que inúmeros são os autores que tratam do tema com propriedade.

O professor Reinaldo Polito é um competente especialista na arte de dominar o público. Por meio de inúmeros trabalhos por ele publicados, constatei que essa sensação de alerta é o estresse positivo, que é muito importante no momento da fala em público. É a excitação que nos deixa atentos e produtivos durante uma apresentação. Descobri que isso faz parte do jogo com o público. As pessoas precisam sentir seu cuidado no trato com elas. Procuro, antes de uma aparição em público, misturar-me com a plateia e conversar amistosamente, falando sobre amenidades, como as belezas naturais do local, a agradabilidade da cidade que sedia o evento e a simpatia e generosidade do povo daquela região. Noto que esse gesto cria entre nós uma proximidade suficiente para me sentir seguro da simpatia das pessoas quando estou encarando a plateia, nos primeiros momentos da minha participação.

Olho para elas nesses primeiros minutos de quebra de gelo. Sinto que essa atitude me passa segurança, que, por sua vez, cria uma reciprocidade com o resto dos presentes. Não faço disso uma regra, sei que tudo pode variar conforme a situação, o tema, o evento e o público. Colocar-se diante do público requer treino e uma série de técnicas que vão sendo adquiridas com a vivência e com o passar do tempo. Também tive minhas dificuldades no início, situações vividas que hoje me fazem rir, mas que na época foram desastrosas. Recordo-me de um vexame que passei há muitos anos.

Na época, trabalhava na extinta Rádio Manchete FM de São Paulo. Naquele período, a rádio buscava se estabelecer no segmento jovem do pop rock, e fui incumbido de fazer a abertura do show de uma banda inglesa de *heavy metal*. Para dizer a verdade, nem me lembro mais do nome do grupo, pois, depois do que aconteceu comigo, nunca mais ouvi falar daqueles músicos, pelo menos no Brasil. Bem, o fato é que junto comigo estava o radialista Silas de Oliveira, já que dividiríamos o palco, montado no Centro Olímpico do Ibirapuera, em São Paulo.

Observamos que o público que se concentrava na pista era totalmente diferente daquele com o qual já estávamos habituados a conviver. Eram tribos de punks, *darks* e metaleiros, todos repletos de tatuagens, com *piercings* espalhados pelo corpo, correntes penduradas na cintura e cabelos coloridos, cortados no estilo moicano e com gel, que dava um visual espetado.

Antes de subir ao palco, pensamos que a melhor coisa a fazer seria parecermos bastante animados e tentarmos ser agradáveis. Para isso, levamos brindes aos montes, afinal, quem não gosta de ganhar camisetas, bonés e adesivos das rádios? Cada um empunhou um microfone, saudamos a plateia e comecei com algumas perguntas para descontrair: "Tem Palmeiras por aqui? Corinthians? São Paulo? Flamengo?" E nenhuma resposta. Fiz mais uma pergunta, geralmente infalível: "Quem quer camiseta? Ingressos para o cinema?". E nada. Olhei para o Silas e disse: "Essa moçada está meio desanimada, não acha?".

Nossa! Coitada da minha mãe! Todos em coro falaram mal da pobrezinha. O que ouvimos a seguir não dá para relatar neste livro; vivi naquele momento minha pior experiência em público. A rapaziada enfurecida continuava os elogios quando, para minha surpresa, meu companheiro de palco, já vermelho de raiva, pegou o microfone e começou a devolver os insultos vigorosamente. O enorme sistema de som projetava sua voz com toda a potência sobre a plateia, devolvendo todos os palavrões que nos haviam dito. O que era aquilo? Pensei por um instante que só sairíamos dali de ambulância.

Houve um silêncio geral e qual não foi minha surpresa quando o público começou a aplaudi-lo animadamente. Não entendemos nada. Nossa saída do palco foi coberta de aplausos, seguidos de incontáveis gestos obscenos da plateia dirigidos a nós. Aquilo me fez pensar em como os seres humanos são imprevisíveis. Cada um reage ao seu modo.

ARTE DA FALA

A arte de falar em público é bem antiga. Consta que o filósofo chinês Confúcio era um exímio comunicador. As pessoas paravam para ouvi-lo falar. Certa feita, o filósofo elevou um dos seus discípulos a sábio. O jovem encheu-se de orgulho e foi providenciar uma túnica, comumente vestida apenas por sábios. O feito transformou o rapaz, que passou a se sentir diferente dos demais. A primeira tarefa que recebeu do mestre foi procurar pelo velho tecelão, responsável por confeccionar as túnicas dos sábios. Mais do que depressa, foi ao seu encontro e deparou com um ancião com longos cabelos e barba embranquecidos pelo tempo. Apresentou-se, pedindo que lhe preparasse uma túnica. O tecelão lhe fez uma única pergunta: "Há quanto tempo és sábio?". "Como assim, não entendi...", respondeu com arrogância o jovem. "Que diferença faz o tempo? Eu preciso é de uma túnica." "Meu jovem, é claro que o tempo faz diferença. Se és sábio há pouco tempo, terei de confeccionar uma túnica mais longa na frente e mais curta atrás. Isso porque os sábios novos andam de tronco erguido, olhando para as pessoas por cima. Se és sábio há muito tempo, terei de fazer sua túnica rente ao chão, na frente e atrás, pois já terás aprendido a olhar o teu próximo com os olhos da igualdade. Agora, se tu és mestre como Confúcio, precisarei fazer uma túnica mais curta na frente e mais longa nas costas. Isso porque teu conhecimento te levará a olhar o teu próximo com humildade. Já terás aprendido a agradecer a reverência que as pessoas te oferecem. Tanta será a tua devoção ao próximo que viverás encurvado para a frente, diante dos gestos de reconhecimento que receberás dos que te admiram."

PROMOÇÕES COM A PRESENÇA DO PÚBLICO

As emissoras encontraram nas promoções com a presença do público uma importante ferramenta para a conquista da audiência. A seguir serão mencionadas algumas técnicas para facilitar sua atuação sobre o público:

- Em suas apresentações, chegue sempre com antecedência.
- Tenha domínio de todo o assunto a ser abordado, contando com uma visão geral da sua participação e um

roteiro previamente elaborado, ou seja, jamais vá ao palco sem saber o que você deverá falar ou fazer.
- Procure memorizar todo o assunto a ser abordado para que você tenha condição de improvisar, caso necessário.
- Apresente sua mensagem sem se esquecer da força da comunicação corporal – empregue bem os gestos, evitando exageros.
- Evite o uso excessivo de expressões de apoio durante a ligação de suas frases, tais como: então, assim, certo, daí, né etc.
- Use de naturalidade ao falar, procurando variar as posições do corpo de forma equilibrada no decorrer da exposição dos assuntos.
- Seja autêntico, sincero e acessível à plateia.
- Um sorriso, o ar benevolente e a postura de respeito pela plateia a cativarão.
- Não fixe seu olhar em uma só pessoa do auditório; procure percorrer todo o local, demonstrando atenção e interesse em seu público.
- Se sua participação for expositiva, procure pensar em todos os detalhes, organizando sua apresentação com a ajuda de programas como o PowerPoint. Sistemas multimídia são largamente utilizados em palestras e apresentações. Cuide para não depender única e tão-somente deles, pois problemas técnicos poderão comprometer seu desempenho.
- Jamais deixe para a última hora o acerto dos detalhes técnicos de sua apresentação com os operadores dos equipamentos.

- Quando possível, antes de suas apresentações, procure pedir a uma pessoa de sua extrema confiança que avalie seu desempenho e ouça suas críticas a fim de aperfeiçoar seu trabalho.

COMO ELABORAR UMA ENTREVISTA

- Prepare-se: tente conhecer bem seu entrevistado antecipadamente, por meio de releases ou informações veiculadas pela mídia. Um artista que possua uma boa assessoria de imprensa jamais se apresentará para uma entrevista sem que antes seja enviado um release, ou seja, um texto preparado para essas ocasiões, que contenha seu histórico e dados de sua carreira. Mas como tudo pode acontecer no rádio, prepare-se para imprevistos.
- Faça um roteiro da entrevista contendo: nome, breve apresentação de seu entrevistado, particularidades da pessoa e motivos que a levaram a participar de seu programa.
- Procure fazer perguntas inteligentes, rápidas e objetivas.
- Cuide para que suas perguntas sejam abrangentes, mas não extremamente explicativas, a ponto de, no final, você já ter dito o que o entrevistado lhe responderia.

COMO APRESENTAR UMA ENTREVISTA

- Quebre o gelo, procure eliminar, fora do ar, todas as formalidades entre você e o entrevistado. Deixe-o à vontade.

- Procure aproximar-se mais iniciando uma conversa antes da entrevista. É muito importante que você se familiarize com o entrevistado. Os resultados aparecerão no ar, por meio de uma maior correspondência no desenrolar da entrevista.
- Mantenha a entrevista dentro de um segmento, para que não perca seu sentido. Faça perguntas curtas, diretas e uma de cada vez.
- Busque em cada resposta o gancho para a pergunta seguinte, permanecendo sempre atento para não perguntar algo que o entrevistado já tenha respondido.
- Seja direto, conciso e criativo, realizando perguntas relacionadas com as respostas que estão sendo dadas; tenha cuidado, no entanto, para não se perder na sequência.
- Seja bem-humorado durante a entrevista, procurando desenvolvê-la de maneira descontraída e leve, se o entrevistado assim o permitir.
- Use expressões de aceitação e sorria quando o entrevistado estiver falando. É bastante constrangedor para o entrevistado notar que, ao responder as perguntas, o entrevistador o encara seriamente, sem dizer nada.
- Evite fazer tietagens. A badalação excessiva deixará o entrevistado inibido e prejudicará a reputação de seu trabalho perante o ouvinte.
- Evite perguntas que o público em geral considere desconcertantes, envolvendo assuntos nunca abordados pelo entrevistado na mídia. Contudo, não hesite em perguntar, em nome do público ouvinte, o

que gostaria de saber ou esclarecer sobre determinado fato ou acontecimento que tenha relação direta com os interesses da sociedade. Normalmente, essas situações ocorrem em entrevistas com políticos ou autoridades públicas.

- Se você estiver operando a mesa de áudio na hora da entrevista, procure deixar todos os comandos já preparados, para que sua atenção não seja desviada para outras coisas que não o seu entrevistado. É algo muito incômodo para o entrevistado responder às perguntas enquanto seu entrevistador se ocupa com outras coisas. Também se mantenha atento para que eventuais trilhas de fundo não se sobreponham ao diálogo da entrevista. Para entrevistas que requeiram uma visão radiojornalística mais analítica, considere as seguintes recomendações:
  - Com exceção de personalidades populares como artistas, músicos e atletas, utilize a forma de tratamento adequada (senhor, doutor etc).
  - Tratar o entrevistado com respeito não significa aceitar contradições, exageros e meias verdades. Desempenhe sua função de representar o ouvinte e os anseios da coletividade.
  - Evite expressões como "segundo os jornais" ou "o senhor me disse antes da entrevista..." Diga simplesmente: "Conforme informações sabemos que...".
  - Procure não fazer afirmações disfarçadas em perguntas, isto é, perguntas que só tenham como res-

posta "sim" ou "não". Prefira perguntas que comecem pelos questionamentos de praxe do jornalismo: "como", "onde", "quando" e "por quê".
- Não apareça mais que o entrevistado. Isso irrita o ouvinte.
- Não dê sua opinião, mas faça que o entrevistado externe a dele.
- Coloque-se no comando da entrevista, sendo a figura preponderante no diálogo. Se a resposta já tiver sido suficiente, procure passar para a pergunta seguinte, com muito tato para não interromper bruscamente o entrevistado.

ELABORAÇÃO DE MATÉRIAS EXTERNAS

Devido a suas características de flexibilidade e mobilidade, o rádio tem sido largamente utilizado em coberturas jornalísticas com muita eficiência. O locutor precisa estar bem treinado para lidar com a velocidade do rádio nesses momentos. É preciso estar preparado para realizar um bom trabalho. A seguir, algumas técnicas para o desenvolvimento de uma matéria externa:

- Observe as condições do local escolhido para sediar a matéria.
- Cuidado com locais com muita circulação de pessoas; ruídos e interrupções podem prejudicar sua concentração e seu raciocínio durante a transmissão.

- Certifique-se da duração de sua entrada no ar. Caso haja alguém para ser entrevistado, mantenha-o informado sobre o tempo também.
- Seja conciso e direto no relato das informações, não esquecendo que seu objetivo é informar e não opinar.
- As matérias não devem ultrapassar um minuto em FM. Já em AM, conforme a segmentação da emissora (radiojornalismo, prestação de serviço ou entretenimento), o repórter dispõe do dobro do tempo, devido ao maior espaço dado para a notícia dentro da programação.
- Jamais passe o microfone para as mãos do entrevistado – seja a figura dominante durante a entrevista.
- Mantenha um ritmo vibrante e dinâmico em sua participação.
- Faça um boletim com objetividade e clareza, procurando construí-lo de acordo com a linguagem do rádio, cuidando ainda para que a síntese não prejudique a eficácia.
- Em matérias com a participação de outras pessoas, faça perguntas diretas e peça ao entrevistado respostas concisas.
- Certifique-se de que os detalhes técnicos da transmissão estejam em ordem. Para isso, faça os devidos testes.
- Normalmente, o locutor, durante o boletim, reporta-se a uma central da emissora ou ao locutor no estúdio. O contato deverá ser feito antes da entrada do repórter no ar, pelo retorno.

- Em matérias que envolvam a participação de ouvintes, considere: o vocabulário, a dicção, a articulação e a pronúncia, bem como o assunto a ser abordado por eles.
- Não se esqueça das deixas e dos ganchos em relação ao locutor no estúdio, evitando, com isso, possíveis buracos entre as passagens feitas no decorrer do programa.

16 ANTES DE FALAR

Jamais abra um microfone para falar sem ter em mente tudo que deseja dizer. O raciocínio no momento da fala deve ser geral, e não específico. Nunca inicie a fala sobre um tema pensando na ideia fragmentada: você vai se perder em meio aos argumentos durante a locução.

O locutor, ao abrir o microfone, já deve ter sua ideia concatenada, ou seja, o raciocínio já deve estar construído na mente, com começo, meio e fim. Nosso cérebro é muito mais veloz ao construir as frases quando pensamos do que nosso aparelho fonoarticulatório ao expressá-las, quando falamos. Se você aprender a condicionar sua mente a construir toda a ideia antes de falar, sua comunicação será mais efetiva e sua verbalização mais equilibrada e constante. Os muitos comunicadores que constroem suas frases no momento da fala apresentam uma locução carregada, entrecortada e titubeante, que acabará denotando insegurança e falta de preparo no que diz respeito ao assunto abordado.

Antes de falar, leve em consideração as seguintes recomendações:

- Leia pelo menos três vezes os textos a serem apresentados no ar. Jamais interprete um texto sem lê--lo de fato.
- Verifique se todos os recursos relacionados com os comandos a serem dados à mesa de áudio estão preparados, tais como músicas, vinhetas ou trilhas.
- Procure saber se existe alguma novidade na programação, como novas músicas ou promoções, ou até mesmo alterações técnicas nos equipamentos do estúdio.
- Confira sua programação musical para se certificar de que todos os CDs ou MDs de música, se for o caso, estão no estúdio.[21]
- Confira também sua programação comercial para certificar-se de que todos os MDs de textos de comerciais testemunhais estão no estúdio.

DEMONSTRE CONHECIMENTO E COERÊNCIA

A credibilidade do comunicador perante o seu público é conquistada ao longo do tempo e pelo seu nível de conhecimento. Os ouvintes precisam perceber que as informações que você transmite são fruto da sua experiência, das suas pesquisas, das suas ativida-

---

21 Sistemas operacionais computadorizados substituíram cartuchos, fitas cassete e até mesmo os MDs na hora de veicular músicas e comerciais. Um microcomputador ligado à mesa de áudio gerencia a entrada de intervalos comerciais, vinhetas e músicas. Com um toque no *mouse*, o locutor ou sonoplasta colocam no ar todo o conteúdo que antes era comandado manualmente.

des. Ao ir para o ar, o locutor deve ter em mente que deverá saber mais sobre os assuntos do que o que de fato exporá, pois a ideia deve fluir naturalmente na sua forma de se expressar. Prepare-se, planejando detalhadamente a exposição das suas ideias.

É certo que no rádio muitas vezes falamos de improviso, daí a importância de estarmos sempre conectados às informações do cotidiano, pois quanto mais bem informados, melhor será o nosso desempenho. Se existe uma regra geralmente seguida pelos grandes comunicadores na conquista da credibilidade perante o ouvinte é ter conhecimento e constante preparo na hora de falar ao microfone, e a consciência de que é preciso pesquisar sempre. Outro aspecto de suma importância é a coerência do comunicador em relação às coisas que diz e às coisas que faz. É preciso ter pontualidade, organização, tolerância com os subordinados, espírito de trabalho em equipe. O conceito de tolerância está ligado à consistência do comportamento, ou seja, a falar e agir de acordo com o que expressamos ao microfone.

As ideias não podem ser expostas de maneira vazia, como se não tivessem significado e compromisso, como se não houvesse uma relação entre o que dizemos e o que fazemos.

DESENVOLVA O BOM HUMOR

É bom ouvir pessoas otimistas, isso faz bem. Claro que o bom senso também é fundamental.

Não generalize as coisas; existe o momento de ser otimista como também o de refletir mais criticamente.

Estar bem-humorado não significa bancar o engraçadinho ou ser o bobo da corte. Se você desenvolver a habilidade de aproveitar bem as informações circunstanciais para torná-las engraçadas, sempre despertará o interesse dos seus ouvintes. A ironia fina e bem empregada, com informações subentendidas, além de demonstrar sua inteligência, brilho e preparo intelectual, será uma homenagem à sensibilidade e à percepção do seu ouvinte. Na verdade, a sutileza da tirada espirituosa deverá ser utilizada de acordo com a formação e o nível do seu público ouvinte.

Atenção: mesmo que a circunstância propicie o uso da baixaria, não caia na tentação de aproveitar a piada. Isso vai desvalorizar seu trabalho e sua reputação perante o seu público. Existe uma linha tênue, quase imperceptível, que separa o humor da vulgaridade, que se aproxima ou se distancia de um ou de outro, de acordo com as características dos ouvintes e do contexto. Quanto mais você se aproximar dessa linha, mais bem-humorado se tornará, porém, maior passa a ser o risco de cair na vulgaridade. Assim, como nunca terá certeza de onde está essa linha, é conveniente que mantenha uma distância de segurança e evite ultrapassá-la. É muito melhor ser menos engraçado – tendo a certeza de que sua imagem será preservada e continuará merecendo o respeito das pessoas – do que chegar ao limite que talvez lhe proporcione maior sucesso, mas que também possa, por um erro de cálculo, torná-lo vulgar.

SAIBA CONTAR HISTÓRIAS AO MICROFONE

É claro que nem todo locutor pode se utilizar desse artifício no rádio. É necessário que esse conteúdo tenha adequação à emissora e às características do público ouvinte. A habilidade de contar histórias no ar é muito bem-vinda em emissoras de AM com características de entretenimento ou em programas populares em FM. Esse é um dos mais preciosos recursos da comunicação pelo rádio: saber contar histórias interessantes e – atenção – bem concisas e objetivas. Os ouvintes gostam de ouvir histórias interessantes, principalmente aquelas que se apliquem à sua vida. Isso ajuda a motivar e entreter as pessoas. Importante: nada de virar um contador de histórias compulsivo – ninguém aguenta um conversador noveleiro, que sempre tem um caso para contar. Se você insistir no estilo, vai perder ouvintes, principalmente se suas histórias forem longas. Por melhor que seja a sua narrativa, se for longa cansará o ouvinte.

O melhor laboratório para saber se sua história é boa mesmo e contá-la a amigos fora do ar, para ver se desperta interesse. Fique atento: se funcionar com eles, certamente com seus ouvintes também funcionará. Cuidado também para não levar ao ar histórias que as pessoas já estão cansadas de ouvir, pois quando se tornam muito conhecidas começam a perder o encanto. Existem programas de rádio que incentivam os ouvintes a participar enviando histórias por intermédio de cartas, e-mail ou outros meios. Não apresente os conteúdos na íntegra; faça uma sinopse (resumo) da carta para ler no ar.

CUIDADO COM AS EXPRESSÕES DE APOIO

Falamos agora de um erro muito presente no rádio: o uso de expressões repetitivas e frases fabricadas. Amplie seu vocabulário periodicamente. Não há nada melhor que criar o prazer pela leitura. O "né" é o grande chefe de uma imensa família, que inclui parentes como "tá", "ok", "entende?", "percebe?", "tá me entendendo?", "tá ligado?", "tipo assim", "fui claro?" e "não é verdade?". Para eliminar esse vício de comunicação, o primeiro passo é a consciência de sua utilização. Embora não seja muito fácil descobrir tais erros sozinho, com um pouco de atenção e boa vontade você vai perceber que precisa ampliar seu vocabulário. Uma boa solução para que você possa identificar a presença desse tipo de problema em sua comunicação é gravar suas participações no ar. Caso contrário, procure ouvir sua verbalização enquanto fala.

Outro vício de linguagem muito comum é representado pelo "ããã...", "humm...", "ééé..." no início das frases ou durante as pausas. No início das frases, alguns costumam compor um trio igualmente terrível quando no ar: "bem", "bom", "ããã..." Em casos mais graves, os locutores deixam escapar suspiros, ruídos prolongados ou expressões desconexas, que chegam a ser caricatas e provocam riso nos ouvintes.

O fato de o pensamento e a construção das ideias trabalharem em uma velocidade muito maior do que a usada para pronunciar as palavras pode levar o locutor – que já sabe o que pretende falar, mas ainda não encontrou a expressão apropriada – a usar esses ruídos como se quisesse avisar que já sabe o que pretende comunicar, mas ainda não encontrou as palavras.

"DEU BRANCO"

Esse branco dura geralmente alguns segundos, mas parece uma eternidade. É normal que isso aconteça, não se desespere. O desespero é um veneno para a locução, pois, se você for dominado por ele, maior será a pressão psicológica e maior será a dificuldade de encontrar a saída. Claro que as coisas não são tão elementares assim, mas o caminho é esse mesmo. Empenhe-se em manter a calma. Não demonstre nervosismo, não insista em compor a ideia no momento. Ao perceber que deu branco, tente apenas uma vez se lembrar da informação. Se não conseguir resgatá-la na primeira tentativa, repita a última frase que pronunciou, como se quisesse dar ênfase àquela parte da mensagem – é provável que, ao chegar ao ponto em que deu branco, a informação surja naturalmente.

Se, no entanto, essa tática não funcionar, use a expressão mágica que se constitui no melhor remédio contra o branco. Diga: "Na verdade, o que quero dizer é..." Com essa expressão você se obrigará a explicar a informação por outro ângulo, e o pensamento se reorganizará para voltar a acompanhar a sequência planejada. E se, por muito azar, não funcionar, diga ao ouvinte que mais tarde voltará a tratar daquele aspecto da mensagem e passe imediatamente para o próximo assunto. Mais tranquilo e sem a pressão de ter de encontrar a informação, no transcorrer do programa você provavelmente se lembrará do conteúdo com mais facilidade. Mesmo que não consiga se lembrar do fato esquecido, dificilmente o ouvinte o censurará por isso.

NÃO SE DESCULPE POR EVENTUAIS ERROS NO AR

O rádio é um veículo feito ao vivo e que tem como matéria-prima inúmeros conteúdos de improviso. Aprender a conviver com os vacilos e se divertir com as pequenas gafes é um bom caminho para que você seja um locutor mais descontraído e cativante. É bom ouvir pelo rádio um comunicador que não tenha a preocupação de ficar se justificando ou dando explicações para suas falhas. Errou? Não há necessidade de drama: utilize a expressão "ou melhor" e siga em frente, sem chamar atenção para a falha. Embora uma locução descontraída aproxime você do ouvinte, é importante não perder de vista a concentração.

Não permita que o erro e as imperfeições sejam constantes em seu trabalho. Os ouvintes reparam nisso. Há também o locutor que faz autocríticas desnecessárias no ar. Alguns acham que com isso criam um certo charme, autodepreciando-se, dizendo, por exemplo, que de manhã têm muita dificuldade para funcionar e que, nesse período, se tiverem de fazer algo importante, como estar no ar, precisam "pegar no tranco". Essa atitude não é inteligente e pode comprometer a sua imagem. Por isso, nada de abrir o microfone e sair dizendo que é desligado, desatento, lento, desorganizado, impontual, dorminhoco e tantos outros adjetivos negativos que só contribuirão para desgastar sua imagem perante os ouvintes.

17 DURANTE A LOCUÇÃO

Como no rádio tudo acontece muito rápido, o locutor já deve ter em mente o que vai ser falado antes de abrir o microfone. O tempo entre abrir um microfone e passar a mensagem ao ouvinte é praticamente nulo. As ondas do rádio viajam tão rápido que poderiam dar sete voltas entorno da Terra em um segundo. No comando da programação, o locutor deve estar concentrado e atento às regras fundamentais de sincronia e criatividade. São elas:

- O jogo bem elaborado entre as vinhetas e passagens de uma música para outra traz à locução um colorido todo especial.
- Evite atividades simultâneas ao seu trabalho que não sejam essenciais, como conversas desnecessárias ao telefone, para não perder a concentração e cometer erros.
- A concentração é fundamental para a perfeita operação da mesa, quando se trata de um locutor-operador (FM), e para a sincronia entre o locutor e o operador de áudio (AM).

• A postura é muito importante, ela denota respeito à programação e ao ouvinte.

O LOCUTOR E A VOZ

Se o pianista cuida especialmente de suas mãos e o atleta de seu corpo, o locutor também precisa cuidar de sua voz. Uma bela voz deve-se a atributos pessoais, à formação congênita de uma pessoa. No entanto, não devemos esquecer que a boa comunicação pela voz não depende apenas de um belo timbre. Vimos anteriormente que muitos fatores, além da qualidade vocal, estão envolvidos no momento da locução, como dicção, articulação e pronúncia correta das palavras ao microfone. Cheguei a relacionar alguns cuidados com a voz no Capítulo 6, "Desenvolvendo a voz profissional". A seguir, volto a alertar o leitor para a importância dos cuidados preventivos:

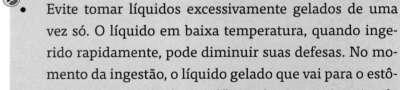 • Evite tomar líquidos excessivamente gelados de uma vez só. O líquido em baixa temperatura, quando ingerido rapidamente, pode diminuir suas defesas. No momento da ingestão, o líquido gelado que vai para o estômago provoca um desequilíbrio térmico no interior de nosso corpo. Isso faz que o sangue e os glóbulos brancos, que são responsáveis pela defesa do organismo, sigam instantaneamente para o aparelho digestivo, para elevar o calor naquela região. O resultado será uma baixa resistência nas defesas da garganta, que pode ser atacada

por bactérias e vírus localizados na área, causando, com isso, um foco infeccioso conhecido como amigdalite, que provocará rouquidão. Para evitar esse problema, ingira pausadamente líquidos gelados, se necessário, amenizando a queda da temperatura na boca.

- Evite tomar leite, iogurte, comer queijo ou chocolate antes da locução. Eles não prejudicam a voz, mas toda substância láctea, quando ingerida, altera o pH da saliva, deixando-a mais viscosa, o que provoca pigarros. Isso ocorre em virtude da maior densidade da saliva ao umectar as cordas vocais durante a fonação.
- Se você é fumante, tenha em mente que o cigarro é um dos maiores inimigos da qualidade vocal. Pequenas partículas de alcatrão, nicotina, piridina e furfurol contidas na fumaça serão depositadas nas cordas vocais e em toda a estrutura do aparelho fonoarticulatório, causando constante irritação. Tosses e pigarros estarão presentes na sua locução.
- Gargarejos diários com água morna e sal agem como preventivos das infecções de garganta, excessivamente prejudiciais ao locutor.

18 O LOCUTOR E O MICROFONE

COMO FUNCIONAM OS MICROFONES

O microfone é o equipamento do estúdio que conduz a voz do locutor, possibilitando a relação entre veículo, mensagem e receptor. Não podemos considerar o microfone o item de maior importância dentre todos os equipamentos utilizados no estúdio no momento da transmissão. Todos os periféricos acoplados ao console de áudio desempenham funções relevantes no processo de levar ao ouvinte a mensagem. Mas é por meio do microfone que a voz é transformada de onda sonora para impulso elétrico, podendo, dessa forma, ser difundida pelo rádio.

PADRÕES DE CAPTAÇÃO DOS MICROFONES

A característica fundamental de um microfone é seu padrão de captação. Grande parte dos microfones se enquadra em duas categorias: omnidirecional e cardioide.

Omnidirecional

O padrão omnidirecional é obtido quando se restringe a entrada do som no microfone a um único ponto na frente do diafragma. Por causa disso, existe pouquíssima distinção quanto à direção em que o som incide, e assim o microfone responde igualmente aos sons vindos de todas as direções. Nas frequências muito altas (sons mais agudos) há uma tendência à captação maior pela frente.

A maioria dos microfones omnidirecionais, sobretudo do tipo capacitivo, possui uma resposta bastante suave às frequências e por isso são largamente usados para captação de voz, tanto em sistemas de sonorização quanto em estúdios de gravação e transmissão.

Os microfones omnidirecionais apresentam um ruído de manuseio relativamente baixo e não possuem o efeito de proximidade, que realça os graves, como os cardioides.

Cardioide

Num microfone cardioide, há dois caminhos até o diafragma: um pela frente e outro pelas aberturas laterais. A estrutura interna de um microfone cardioide é muito mais complexa do que a de um microfone omnidirecional. Toma-se um cuidado muito grande no projeto do caminho por trás para que o cancelamento para fontes a 180° seja uniforme na maior gama possível de frequências.

Um microfone cardioide possui um alcance maior do que um omnidirecional. Graças ao seu padrão de captação voltado para a frente, ele possui uma forte relação entre a resposta a sons vindos na direção de seu eixo e a resposta a direções aleatórias. Esse tipo de microfone é muito mais sensível, podendo ser usado com uma distância duas vezes maior em comparação com o omnidirecional.

O "efeito de proximidade" é, ao mesmo tempo, uma bênção e uma desgraça. Muitos locutores adoram a ênfase dos graves que se obtém quando a boca fica muito próxima do microfone cardioide. Por outro lado, o efeito de proximidade deixa o microfone muito sensível a ruídos produzidos no interior do estúdio.

CONVERSE AO MICROFONE

Locutores que utilizam vozes impostadas ao microfone estão fora de moda. Já passou aquele tempo em que se avaliava a qualidade da voz pelos tons graves que ela alcançava. Os microfones, bem como o rádio, evoluíram em todos os sentidos. Hoje, os equipamentos suprem os graves que muitas vezes uma voz não alcança. Falar de maneira natural e espontânea tornou-se regra no rádio. Isso se deve à presença dos jornalistas e redatores, que ganharam espaço junto aos microfones. Uma comunicação mais natural e livre dos jargões repetitivos ganha mais espaço a cada dia. Procure conversar com o seu ouvinte.

SEJA ENVOLVENTE AO MICROFONE

Nunca fale num microfone de rádio somente por falar. Por mais envolvente que seja a sua mensagem, se você agir como se estivesse apenas cumprindo uma tarefa, desobrigando-se de uma incumbência, não conseguirá convencer e tocar seus ouvintes. Portanto, ao abrir o microfone, fale com energia, motivação, disposição, entusiasmo e emoção. Se você não demonstrar interesse e não se sentir envolvido pelo assunto, não poderá pretender que o seu ouvinte se interesse e se envolva pelo que tem a dizer. Seja verdadeiro na exposição de suas mensagens, evite ser dissimulado.

De nada adiantará dizer que está triste ou alegre se os seus ouvintes não identificarem esses sentimentos na sua voz. Em determinadas circunstâncias, você deverá interpretar a sua própria verdade, isto é, além de dizer o que sente, ao expressar esse sentimento você deve usar toda a sua energia, disposição e vontade, para que haja coerência entre suas palavras e suas atitudes.

CUIDE DO VOCABULÁRIO AO MICROFONE

O rádio não transmite imagem, portanto um ouvinte dobra a sua atenção quando o locutor inicia a sua fala. O grande problema de muitos comunicadores é o uso de um vocabulário restrito, com palavras triviais e frases limitadas. Falar corretamente é um dom que precisa ser desenvolvido e cultivado à base de muita leitura e informação. O rádio dos dias atuais exige mais conteúdo verbal do que predicados como uma voz grave ou impostada.

Desconheço outra maneira de ampliar o vocabulário que não seja pelo cultivo da leitura de livros, revistas, jornais e de bons conteúdos na internet. Procure acrescentar, periodicamente, novas palavras, expressões e conteúdos ao que vai falar. É essencial que o locutor escolha bem as palavras na hora de expressar suas ideias. Construir frases muito sofisticadas pode distanciá-lo do seu ouvinte. A comunicação pelo rádio exige o rápido entendimento da mensagem, pois não há como o ouvinte voltar e se concentrar mais em determinados assuntos que ficaram obscuros.

Cuide para ser mais objetivo do que dissertativo. Tome cuidado também com as gírias e eventuais palavras chulas durante sua locução. Alguns comunicadores as utilizam para dar ênfase e realismo ao que é falado ao microfone. Apresentadores de programas policiais, esportivos e de humor direcionados ao público jovem devem usar de muito critério na hora de formular suas ideias.

Todos sabem que os conteúdos apresentados por Emílio Surita e sua trupe do *Pânico*, transmitido de segunda-feira a sábado pela Jovem Pan FM de São Paulo, não levam muito em conta as formalidades do vocabulário. Fazem sucesso, sem dúvida, mas o "time" que eles mantêm durante o programa avalia constantemente o que está sendo dito, definindo a barreira entre o aceitável e o insano. Ou seja, as ideias, por mais malucas que sejam, são apresentadas no tempo e na medida certa. Quando você se dá conta da besteira falada, lá vão eles para as próximas, com generosa criatividade, sem construções prolixas ou repetitivas. É a variação criativa das ideias, gírias e expressões proposta pela divertida trupe que faz a diferença, tornando-a querida por milhares de jovens ouvintes espalhados pelo Brasil.

CUIDADOS AO UTILIZAR O MICROFONE

Há algumas décadas os microfones não possuíam os recursos tecnológicos dos de hoje. Com o desenvolvimento dos atuais modelos, temos condições de levar a voz humana a extraordinários limites. A voz passou a ser mais bem detectada, ganhando um colorido todo especial. Consequentemente, surgiram também alguns requisitos básicos a serem observados pelos locutores quanto à utilização desses microfones, mencionados a seguir.

Antes de usar um microfone, deve-se testá-lo junto com os demais equipamentos de transmissão. Coloque a chave do microfone ou o canal em que ele está acoplado à mesa no áudio dentro do estúdio e teste-o, de forma a verificar se está funcionando normalmente. Sempre fazemos o teste antes de entrarmos no ar.

Posicione o microfone de forma correta para você. Os microfones são acoplados a "girafas", ou seja, a pedestais metálicos, com altura e distância reguláveis. Certifique-se de que o microfone esteja desligado e regule-o de forma a ficar com distância e altura compatíveis com a sua altura.

Procure a distância correta. Conforme o microfone, variam as distâncias. Existem microfones mais sensíveis (cardioides), que devem ficar a pelo menos um metro de distância do locutor. Os omnidirecionais, por captarem os sons da voz na posição frontal, devem ficar a uma distância de dez a quinze centímetros; se deixado muito próximo provocará o *puf* no ar, que nada mais é do que a saturação da sua capacidade de captação.

Se o microfone começar a funcionar mal, não vacile em substituí-lo por outro. Normalmente, o mau funcionamento do equipamento se dá pelo desgaste do material, por quedas e fortes golpes em sua estrutura e ainda pelo mau contato de cabos e conectores que o ligam à mesa.

Cuidado com a respiração, pois o microfone vai amplificá-la. Uma das coisas que mais evidenciam a inexperiência de um locutor é a forma pela qual são feitas as tomadas de ar antes de falar. O microfone amplifica os sibilos durante a fala e os ruídos provocados pela inspiração quando é feita pela boca. Cuide para que isso não aconteça.

Quando não estiver no ar, não diga nada próximo ao microfone: a sua fala poderá ser captada e amplificada. Muitas vezes, o microfone é deixado aberto, por esquecimento ou propositadamente, durante a passagem rápida de um segmento a outro do programa, principalmente no caso dos locutores de FM, que falam e operam ao mesmo tempo. Nesse momento, precisamos ter cuidado para que não provoquemos sons detectáveis, incluindo comentários de bastidores como "ufa", "que calor", "vá mais pra lá" etc.

Se estiver lendo, não vire as folhas diante do microfone. Vire-as fora de seu âmbito de alcance. Procure dispor de forma ordenada as folhas com o texto dos noticiários ou da programação. Dessa forma, quando você entrar no ar, não correrá o risco de perder-se diante delas. Muitas emissoras já adotaram sistemas informatizados que dispensam as antigas laudas de papel.

19 O LOCUTOR E O ESTÚDIO

O ESTÚDIO É O LOCAL ONDE O LOCUTOR PERMANECE DURANTE A MAIOR PARTE DO SEU TRABALHO, UM RECINTO DENTRO DA RÁDIO QUE DEVE ESTAR SEMPRE ORGANIZADO E PREPARADO PARA A BOA EXECUÇÃO DO TRABALHO. A atividade profissional no estúdio ocorre desde o momento em que você se prepara para ir ao ar até deixar o local para que seja ocupado pelo locutor que irá substituí-lo. Alguns cuidados devem ser tomados:

- Equipamentos de trabalho devem permanecer em seu devido lugar. É muito desagradável substituir alguém que deixou o ambiente do estúdio "de pernas para o ar". Evite deixar textos, laudas e pautas de leitura misturados entre si, ou o livro de ocorrências e relatórios de transmissão fora de seu lugar. Caso a emissora ainda utilize MDs e CDs, não se esqueça de mantê-los em ordem também.
- O locutor deve criar um clima de organização e segurança, deixando o estúdio preparado para quem for substituí-lo. Deve separar a programação musical da primeira hora, caso estejam em MD ou CD, preparar

textos ou noticiários a serem lidos, bem como atentar para as alterações dentro do horário. Quando estiver no ar, nunca se esqueça do que lhe é pedido pela coordenação artística quanto à plástica da emissora e a coisas a serem ditas no ar.

- Procure não inventar falas muito diferentes, que fujam ao padrão de locução da emissora; isso fará que seu trabalho destoe dos companheiros. Mas, se você tiver espaço para criar, seja inovador e original.
- Siga à risca a programação musical de seu programador. Ele passa horas produzindo o material e deve ser respeitado por isso. Lembro-me de alguns, com quem tive a oportunidade de trabalhar, que levavam seu roteiro de programação para casa, a fim de conferir se os locutores estavam executando na ordem as músicas programadas. Atualmente, softwares de transmissão facilitam o trabalho tanto dos locutores como dos programadores. Pode parecer exagero, mas é importante que a emissora toque as músicas que está se propondo tocar. A não-observação desse detalhe pode prejudicar o ritmo e o andamento da programação.

Já os profissionais de locução de AM não possuem um contato tão direto com o setor técnico do estúdio, pois contam com um operador de áudio para auxiliá-los na execução de seu trabalho. Isso ocorre porque em AM o locutor precisa ter maior dedicação à apresentação do programa, coordenando as entradas externas das equipes de reportagem ou de matéria gravada, fazendo a leitura de longos noticiosos e, quando em programa de variedades, dirigindo entrevistas no estúdio, comentando as cartas recebidas de seus ouvintes e fazendo sorteios promocionais. Seria uma tarefa muito mais custosa se não houvesse o trabalho conjunto com o operador de áudio.

A boa desenvoltura de um profissional de locução em AM também depende de uma relação com o operador marcada pela sincronia e organização. Eles deverão se tornar um só, para que exista perfeita harmonia quando estiverem no ar.

20 O LOCUTOR E O OUVINTE

NO RÁDIO, NÃO EXISTE RELAÇÃO MAIS SIGNIFICATIVA DO QUE ENTRE LOCUTOR E OUVINTE, ALGO FÁCIL DE ENTENDER. AS MÚSICAS EXECUTADAS, AS NOTÍCIAS, OS EVENTOS, PROMOÇÕES E SHOWS QUE SE DIVULGAM E OS COMERCIAIS VEICULADOS SÃO DIRECIONADOS AO NOSSO OUVINTE.

Uma rádio comercial não sobrevive sem audiência. Existe a necessidade de que o locutor, independentemente da segmentação da emissora ou do seu público-alvo, seja cativante e carismático no ar. Uma emissora voltada ao radiojornalismo, por exemplo, deve conquistar a preferência do ouvinte com opiniões, observações e comentários inteligentes e bem formulados. Já nos programas de entretenimento, tanto em AM como em FM, é preciso que o locutor seja intensamente agradável no ar, pois fala para milhares de ouvintes que ligam o rádio em busca de diversão e informação.

CONHEÇA O NÍVEL INTELECTUAL E A IDADE DOS SEUS OUVINTES

Falar no rádio significa falar para uma grande massa. Pelas próprias características do veículo, uma expressiva parcela de nossos ouvintes integra a população de baixa renda. Isso não quer dizer que essa audiência seja composta de ouvintes desinformados ou alheios à realidade, já que hoje a informação circula com grande velocidade entre os estratos sociais. Jornais, revistas, televisão, rádio, internet e outros meios de condução da notícia levam ao público, de forma quase instantânea, os fatos que interessam à sociedade.

No entanto, cuide para que a sua comunicação não seja complexa, baseada em pensamentos abstratos e muito complicados. Certamente você não será compreendido pela grande massa e seu ouvinte perderá o interesse em ouvi-lo. Transmita suas ideias de maneira simples mas não simplória; seja claro, sem demasiada retórica.

Ao utilizar-se de ilustrações práticas acompanhadas de metáforas, você despertará a curiosidade do ouvinte, facilitando o entendimento das suas ideias. Quando a emissora, em geral voltada ao radiojornalismo, dirige-se a um público mais seleto, é possível apresentar as informações por meio de raciocínios mais abstratos e complexos. Os ouvintes conseguirão acompanhar suas ideias com mais tranquilidade; e se o locutor expuser suas reflexões, os ouvintes chegarão às suas próprias conclusões.

Outro aspecto a ser considerado é a faixa etária predominante entre os seus ouvintes. Conhecer e saber entender as características das diferentes faixas etárias é fundamental para o sucesso do comunicador. O público mais adulto é detalhista, requer que a exposição dos fatos seja feita com mais cuidado. Já o publico jovem é objetivo, rápido e espontâneo. O jovem gosta de velocidade, ritmo e síntese na comunicação.

SAIBA CATIVAR SEUS OUVINTES

Grande parte dos ouvintes do rádio é formada por pessoas simples, de baixa renda, que muitas vezes ligam o rádio em busca de lazer, divertimento e companhia. É esse público que consagra seus comunicadores com uma audiência fiel, que os escuta todos os dias.

Outra parcela do público busca no rádio a informação, a notícia, a utilidade pública e a prestação de serviços. Como é um veículo instantâneo e de grande mobilidade, qualidades essenciais aos noticiários, possui grande credibilidade por parte do público.

O rádio também é muito presente entre o público adolescente e jovem. As emissoras e seus locutores buscam cativar o público com promoções, eventos, shows e programas com muito humor. Esses programas são quase infalíveis em atrair o público jovem.

Seja simples, sincero e acessível. Procure ser mais específico, resista à tentação de exibir seus conhecimentos a respeito de algum assunto de forma rebuscada e com muitos termos técnicos. O ouvinte quer entender o que está ouvindo. Respeite a inteligência do público e se expresse com cortesia e consideração.

TOME CUIDADO COM BRINCADEIRAS COM OS OUVINTES OU ENTREVISTADOS

Tenha cuidado redobrado com as sutilezas do humor. Ao fazer brincadeiras, deixe claro que está tentando descontrair seu interlocutor. Se, depois de usar uma ironia, por exemplo, tiver de explicar que fora só uma brincadeira, isso significa que sua atitude não foi apropriada. Fique muito atento quando estiver descontraído ou brincando com as pessoas durante uma transmissão para não causar constrangimento.

Há inúmeros fatores que tornam as pessoas predispostas a entender e a aceitar o humor. Estão relacionados à cultura, ao nível intelectual, à segmentação da emissora, à receptividade do ouvinte em relação ao comunicador. Enfim, são muitos os aspectos a serem considerados, sendo que compreendê-los e dominá-los exige experiência e muita sensibilidade. A forma de fazer humor no ar precisa ser clara para os ouvintes, a ponto de o locutor não deixar dúvida de que se trata de uma brincadeira. Quanto mais baixo for o nível de informação dos ouvintes, mais explícito deverá ser o humor. Logo, quanto mais bem preparado for o público ouvinte, mais sutis poderão ser as brincadeiras.

DESENVOLVENDO O CARISMA NO AR

Ser gentil com os ouvintes ao microfone é a atitude mais eficiente para conquistar a sua simpatia. Logicamente, seria difícil atraí-la sem ser simpático com as pessoas – principalmente com as que trabalham conosco na emissora. Essa conquista significa obter a audiência desejada, ter colegas torcendo pelo seu sucesso e aceitando com boa vontade as ideias que você defende. O carisma do locutor também pode estar no tom amável da voz, na generosidade das palavras, na honestidade dos princípios e na ética. Atitudes gentis geralmente são recompensadas com alegria, felicidade e a consciência de que tratar bem as pessoas leva à criação de relacionamentos duradouros e amizades sinceras. Reflita um pouco sobre suas atitudes e avalie, sem resistências ou preconceitos, como tem sido seu contato com as outras pessoas. Se concluir que não está sendo muito gentil e atencioso, talvez possa rever seu comportamento e passar a ter uma conduta que lhe proporcionará uma convivência mais saudável e, consequentemente, melhor qualidade de vida.

—

21 DESENVOLVIMENTO, CRIAÇÃO E APRESENTAÇÃO DE NOTICIOSOS

O jornalismo radiofônico compete com a velocidade da luz, portanto mobilidade é a palavra de ordem. Requer honestidade e precisão, para que a confiança do público em nós seja retribuída com o esforço em buscar matérias e divulgar seus desdobramentos. O radiojornalismo exige que os fatos divulgados sejam exatos e fiéis à realidade, pois, diferentemente de alguns tipos de jornais e revistas, prima por evitar a transmissão de notícias falsas ou boatarias inconsequentes.

Para desempenhar qualquer tipo de função no rádio não bastam as boas intenções; é preciso gostar do rádio e ter competência para usá-lo corretamente. Este capítulo trata disso, de um apanhado de assuntos capaz de responder a muitas indagações práticas dos que já fazem rádio e se defrontam com surpresas em seu dia-a-dia profissional, sendo igualmente acessível para quem pretende aventurar-se por esse fascinante caminho.

INFORMAÇÃO E NOTÍCIA: CONCEITOS

Muitas divergências existem em torno dos conceitos de informação e notícia, termos às vezes empregados como sinônimos, outras vezes com sentidos específicos. Genericamente, podemos considerar que informar é dar a conhecer um conjunto de mensagens referentes a atualidades (notícias), pelos diferentes meios de comunicação.

Existe um material-base composto de fatos e notícias, distintos entre si, mas, quando agrupados, constituem o fundamento da informação, igual em todos os meios. As variações estão na seleção, valorização e técnica de elaboração, que devem estar de acordo com o meio em questão. Consideramos a notícia como a base de toda atuação informativa. Dependendo do tratamento que receber durante a elaboração da mensagem, a notícia pode apresentar-se:

- em sua forma pura, limitada ao simples relato do fato em sua essência;
- em sua forma ampliada, incluindo reportagens e comentários, tanto interpretativos como opinativos.

DIFUSÃO DA INFORMAÇÃO

A difusão da informação pelo rádio pode ocorrer de diferentes formas, sendo a mensagem estruturada em função da oportunidade. Basicamente, podemos classificar as transmissões informativas do seguinte modo:

- *Flash*: relaciona-se com acontecimentos que devem ser divulgados imediatamente, em função de sua relevância no momento. Não faz parte de nenhum programa específico, podendo participar de todos eles. Nem sempre responde às perguntas fundamentais do jornalismo (O quê? Quem? Quando? Onde? Como? Por quê?). O tempo empregado na emissão é muito curto, apenas o necessário para informar que o fato está ocorrendo, sem pormenores.
- *Edição extraordinária*: também se refere a acontecimentos importantes, cuja divulgação é oportuna, interrompendo qualquer programa. Nesse caso, a notícia já é apresentada com alguns pormenores, sendo normalmente mais longa do que o flash.
- *Especial*: programa que analisa determinado assunto, seja por sua grande importância e atualidade, seja por seu interesse histórico. Pressupõe pesquisa aprofundada sobre o tema, tanto no que diz respeito às informações textuais como às sonoras, sobretudo as entrevistas. A rigor, sua emissão pode ser ocasional, dependendo de um fato que mereça, por sua relevância, um tratamento especial, como a comemoração de uma data histórica.
- *Boletim*: noticiário apresentado com horário e duração determinados, com recurso musical de abertura e de encerramento, texto previamente elaborado (script),

cujos assuntos podem abranger tanto o noticiário local como o nacional e o internacional. Tem por função manter o ouvinte informado sobre os acontecimentos mais importantes, entre uma emissão e outra.

- *Jornal*: refere-se ao tradicional "jornal falado" das emissoras, que tem por função completar o último período entre uma emissão e outra. Apresenta assuntos de todos os campos de atividade, estruturados em blocos. Contém informações mais detalhadas sobre os fatos e, no caso das emissoras que levam o "palco da ação" ao ouvinte, reportagens gravadas ou ao vivo. Os comentários – interpretativos ou opinativos – também podem estar presentes, assim como os editoriais. Sua duração varia, em média, de quinze minutos a uma hora, havendo hoje jornais com até duas horas e meia de duração.
- *Informativo especial*: traz informações sobre fatos relativos a um mesmo campo de atividade; interessam apenas as notícias referentes àquele setor. O caso mais comum é o dos noticiários esportivos. Dependendo de sua duração, pode ter características de boletim ou de jornal.
- *Programa de variedades*: sem estar diretamente ligado às atualidades, pode conter informação de interesse presumível para o público a que se destina, em meio a músicas, quadros de humor etc. É normalmente marcado por entrevistas de orientação, esclarecimentos sobre possíveis dúvidas presentes no dia-a-dia dos ouvintes e prestação de serviços de um modo geral.

22 TIPOS DE LOCUÇÃO E DEFINIÇÃO PROFISSIONAL

LOCUTOR DE RÁDIO

É o profissional que você já está acostumado a ouvir quando liga o rádio. O locutor apresenta programas de música, notícias e esportes. O profissional precisa estar bem preparado para sua função, sobretudo no que se refere à fala. É necessário ter uma boa voz, não necessariamente grave, e domínio da dicção, articulação e pronúncia, porque o microfone amplifica e revela eventuais defeitos ou falhas. Um locutor pode desempenhar seu trabalho em emissoras de frequência modulada (FM) ou amplitude modulada (AM).

De acordo com a emissora, o radialista pode se comunicar de maneiras diferentes. Em FM, fala-se de forma mais sintética e objetiva. Em AM, o comunicador tem mais tempo para falar em razão do formato da programação. Uma menor quantidade de músicas é executada em relação aos conteúdos falados. Nas emissoras de amplitude modulada, o locutor é mais comunicativo e tem mais liberdade para o improviso.

ESTILOS DE LOCUÇÃO NO RÁDIO

Cada conteúdo apresentado no rádio segue um padrão interpretativo diferente. O locutor precisa dominar a variação interpretativa no momento da fala. No mercado de trabalho do rádio, existem profissionais especializados em múltiplas modalidades de locução, destacadas a seguir.

Locução em FM

Os estilos de comunicação em FM variam conforme o segmento de programação da emissora. A locução é direcionada a um público que prefere a programação musical, sendo este, por isso, o principal conteúdo das emissoras de FM. Assim, o grande destaque são as músicas executadas durante a programação, exercendo o apresentador o papel de coadjuvante no conjunto do conteúdo apresentado. Talvez isso ocorra devido à influência da própria proposta de seu surgimento no Brasil – a primeira emissora de FM foi a Rádio Imprensa, fundada no Rio de Janeiro em 1956 e em São Paulo em 1973; inicialmente seu objetivo era tocar as chamadas "músicas de elevador", executando uma programação de músicas selecionadas criteriosamente.

Inaugurou-se o sistema de *broadcasting*, que consistia na comercialização de uma programação sem espaços comerciais, sendo que a emissora de frequência modulada instalava, em lojas, escritórios, consultórios, um receptor de rádio estéreo. Este sintonizava apenas a emissora responsável pelo negócio, que ainda acrescentava ao serviço a instalação de caixas de som aos pares, uma para o canal esquerdo e uma para o direito. O grande diferencial desse serviço foi a oferta do som estereofônico, identificado pela recepção de uma transmissão em canais diferentes e pela qualidade e pureza do som. Equivaleria ao som e à imagem digital de hoje em dia.

Locução em AM

Assim como ocorre em FM, os estilos de locução variam conforme a segmentação da emissora. A locução em AM exige do profissional mais preparo, pois o conteúdo abordado é bem maior e, por conseguinte, o improviso também. A linguagem utilizada é mais particular e próxima do ouvinte. Seja em uma emissora com enfoque mais popular, visando ao entretenimento, seja em uma voltada ao jornalismo e à prestação de serviço, normalmente o locutor é mais próximo do ouvinte.

Em geral, encontramos no profissional de AM um radialista mais experiente e bem preparado. O tempo é essencial na construção do bom comunicador, que se beneficia de sua experiência de vida e vivência diante do microfone. Quando se trata de uma programação direcionada ao segmento popular, deparamos com uma maneira mais complexa de fazer rádio. Isso porque a emissora passa a participar diretamente do cotidiano do seu público, inserindo-se na realidade da vida da comunidade. Muitas vezes, uma rádio passa a ser a última esperança de uma pessoa ou um grupo no que diz respeito à satisfação de suas necessidades.

Locutor apresentador

Tanto em emissoras de AM como de FM, o apresentador comanda as atrações de um programa. Anuncia e "desanuncia" músicas. Quando há externas, chama o repórter pelo telefone e coordena todos os segmentos do programa. Lê textos comerciais ou não nos intervalos da programação e dá informações diversas, mantendo a continuidade.

Locutor esportivo

É o locutor que narra partidas esportivas, faz comentários sobre os lances dos jogos e entrevista jogadores e atletas. Sua locução deve ser vibrante, cheia de entusiasmo e bastante precisa; a velocidade da narração esportiva é acelerada, diferenciando-se, assim, dos demais tipos de locução no rádio.

O locutor precisará noticiar o resultado de partidas e eventos esportivos que acontecem simultaneamente ao redor do planeta, por isso precisa de muita agilidade. Por exemplo: ao narrar uma partida de futebol, em seu intervalo deverá comentar os resultados de outras modalidades esportivas, como Fórmula 1, iatismo ou vôlei.

Um narrador de esportes também deve dominar os aspectos técnicos de cada modalidade esportiva, desenvolvendo um conhecimento geral e detalhado do esporte em si. A transmissão esportiva requer muitos comentários de improviso, que só serão bons, na opinião do ouvinte, se o locutor/comentarista dominar bem o assunto.

Locutor apresentador/animador

Apresenta e anuncia programas, realizando entrevistas e promovendo jogos, brincadeiras e competições envolvendo os ouvintes.

Locutor entrevistador

O rádio é um veículo extremamente utilizado para a difusão da informação. Devido à sua grande penetração no cotidiano das pessoas, pela credibilidade de que goza perante o público e por seu baixo custo em relação aos outros meios, tornou-se um veículo aberto a inúmeros tipos de programação.

Tanto em emissoras de AM como de FM, as entrevistas sempre fazem muito sucesso. Isso explica porque o rádio sempre faz parte do roteiro do músico, ao lançar seus trabalhos, do artista, ao divulgar suas peças, ou dos políticos, ao utilizá-lo como palanque eletrônico. No rádio sempre haverá um locutor fazendo perguntas, dirigindo conversas e coordenando assuntos.

Um bom programa de entrevistas requer do apresentador muita pesquisa sobre os temas enfocados; portanto, procure obter o máximo de informações sobre seus entrevistados. A falta de conhecimento gera perguntas impróprias. Uma entrevista bem-feita enaltece a emissora, valoriza o seu horário e, o fator mais importante, informa e entretém o ouvinte.

Locutor noticiarista

É assim chamado porque é ele quem lê e interpreta as notícias escritas por um redator. Sua voz deve transmitir credibilidade e segurança aos ouvintes. Anteriormente, mencionamos o conhecimento concernente ao esporte que o narrador esportivo necessita ter. A mesma coisa acontece com o locutor noticiarista.

Esse profissional pode, além de apresentar jornais, opinar a respeito dos assuntos abordados. Nesse momento deve demonstrar segurança e conhecimento quanto ao tema, pois o rádio representa a credibilidade e a verdade. Para tornar-se um bom profissional da notícia, você precisa ler muito e estar atento ao que acontece no mundo, acompanhando os noticiários.

Ao expor um ponto de vista sobre determinado assunto, observe o desenvolvimento de sua linha de raciocínio, bem como a construção de suas frases, notando ainda se seu interlocutor está entendendo suas ideias e compreendendo seus comentários. Esse é um bom exercício para desenvolver a capacidade de improviso durante a defesa de um argumento.

Locutor repórter

Este profissional apresenta-se em programas de notícias, em reportagens gravadas ou ao vivo, geralmente com autoridades públicas, músicos, artistas, esportistas ou pessoas que sejam notícia. Sua participação em um programa de rádio pode ocorrer por meio de entradas gravadas ou ao vivo, por rádio ou telefone celular.

Locutor comercial

Esse profissional grava os comerciais que você ouve no rádio. Um locutor, ao realizar um comercial no rádio, utiliza-se de técnicas bem diferentes das usadas para apresentar seu programa. A locução exigirá uma alteração em sua modulação de voz, a mudança de ritmo durante a verbalização e naturalidade na interpretação do texto. Os comerciais, quando gravados, devem apresentar ritmo de conversa, com verbalização coloquial.

Existem inúmeros profissionais do rádio que optam por dedicar-se exclusivamente à locução de comerciais. Além de ganhos mais significativos, o locutor tem um mercado bastante vasto a explorar, incluindo a narração de documentários para canais de televisão a cabo, vídeos empresariais, comerciais para televisão e contratos publicitários diversos.

23 OS QUARENTA PRINCIPAIS ERROS DE LOCUÇÃO

No início da minha carreira de radialista, sentia uma enorme dificuldade de saber se o que estava fazendo estava certo ou errado. Um exemplo: ao longo da profissão, passei vários anos pegando em fios desencapados. Recebi importantes dicas e toques de radialistas que muito me influenciaram e muitas "duras", seguidas também de valiosas lições dadas pelos diretores artísticos com quem trabalhei.

Lembro-me de muitos com saudade. Foram os mais rigorosos e os mais exigentes os que realmente mais me marcaram em minha carreira no rádio, pois você só aprende quando o seu desempenho é de fato cobrado. Muitos são os nomes que me vêm à lembrança: Alfredo Torres, Roberto Rabello, Sérgio Azevedo, Alcides Campolongo, Adelino Mundin, Matilde Bueno, Carlinhos Neto, Luiz Carlos de Araújo, Paulinho Leite, Augusto Batalha, Chico Paes de Barros, Edson Guerra, Mário Catto, Pascoal Júnior, Alexandre Pimentel, Nelson Kunert, Jesuíno Paixão, Paulo Machado de Carvalho Neto, Irineu Toledo, Ricardo Henrique, Luiz

Fernando Magliocca, Marcelo Siqueira, Acácio Costa, Otávio Ceschi Júnior e Enio Roberto.

Somente depois desse que me pareceu o mais longo e desanimador período de aprendizado é que me senti preparado para o microfone. Sou da geração daqueles locutores talhados no machado, ou seja, não frequentei nenhuma escola para aprender a fazer rádio, a coisa teve de ser feita na raça. Grande parte dos profissionais dessa geração chegou até os dias de hoje movida pelo sonho, por amor e paixão pelo rádio. Sei que considerável parcela dos radialistas brasileiros também teve o mesmo começo, no entanto a geração atual já tem acesso a livros, métodos e escolas especializadas no assunto. Digo sempre aos meus alunos: "No rádio, o melhor professor é o tempo e a melhor escola é a busca do conhecimento".

Este capítulo visa a colaborar com o aprendizado ou com a reciclagem dos conhecimentos do leitor. Passados alguns anos, quando já me sentia mais seguro e preparado para a profissão de radialista, deparei com a oportunidade de exercer a função de coordenador artístico e instrutor de prática de locução. O dia-a-dia com as equipes que coordenei me fez conhecer muitos erros e acertos na área da locução radiofônica. Então, relacionei os quarenta erros mais comuns cometidos pelos locutores e alunos em cursos de treinamento que ministrei. Procure ler a lista com redobrada atenção, pois ela tem por finalidade oferecer-lhe um atalho para os seus objetivos, para que você possa poupar tempo. Os itens a seguir apresentam erros, sua definição técnica e metodologias para sua correção.

1. LOCUÇÃO LINEAR E SEM MODULAÇÃO. A locução linear ocorre quando o locutor não varia nem o ritmo nem a modulação da voz. Ao usar um só tom durante a leitura, a interpretação fica monótona. Quando se diz que a locução está linear, devem-se levar em conta alguns fatores que podem estar influenciando a fala, tais como a tensão emocional e o nervosismo diante do microfone. A voz linear, deixa a locução sem interpretação. Procure imprimir um leve sorriso durante a fonação, a fim de torná-la mais espontânea e natural. A leitura deverá ser mais solta, natural, e não tão presa ao papel; em geral, a naturalidade só vem com o tempo. É preciso ter em mente que ninguém fala no mesmo tom o tempo inteiro. A laringe se ajusta conforme a altura do som, grave ou agudo. Quando o locutor foge dos registros naturais, a inflexão fica forçada. As pregas vocais ficam fora das condições normais, tornando a voz gutural, ou seja, a voz passa a ser produzida na garganta. Isso ocorre devido ao fato de a ressonância se dar na máscara superior do rosto, e não nas partes inferiores do aparelho fonoarticulatório, que ficam logo abaixo da laringe. É importante desenvolver a técnica de falar no tom correto e evitar notas extremas da tessitura da voz. Toda voz, quando forçada e fora de seus parâmetros naturais, torna-se caricata. Procure observar seu

tom de voz durante a fala. Verifique se a voz não está sendo excessivamente forçada.

2 LOCUÇÃO FORMAL. Ao exagerar nas formalidades, o locutor pode tornar-se muito retórico, assumindo uma postura de distância em relação ao ouvinte. Procure ser simples e objetivo, mas nunca simplório. Tente ser o mais natural possível diante do microfone. Compare-o a um telefone, caracterizado pela conversa solta e informal. Não faça do microfone um problema; ficar tenso e nervoso no início é normal. Assuma uma postura descontraída e solta: suas ideias fluirão com mais naturalidade. Portanto, afrouxe a gravata, solte o colarinho e nada de muita formalidade, o rádio é um meio espontâneo.

3 LOCUÇÃO ENTRECORTADA. Nesse caso, a verbalização apresenta-se de forma entrecortada, como se houvesse barras separando o texto. O resultado é uma locução codificada e fracionada, de difícil compreensão. Os motivos que provocam uma locução entrecortada provêm de uma leitura mal preparada, de tomadas de ar mal realizadas, da tensão emocional ou de ideias mal concatenadas. Procure privilegiar a concentração e o raciocínio, a fim de não se perder entre as ideias. A melhor forma de superar a interpretação codificada é ler várias vezes os textos a serem interpretados, certificando-se também de bom uso do raciocínio na construção do improviso.

4 LOCUÇÃO LENTA. Durante a fala, o locutor pode apresentar uma maior preocupação em não errar do que pro-

priamente em ler e interpretar. A locução fica lenta e monótona. É importante falar na velocidade correta, aumentando-a gradativamente. De nada vale não errar na leitura se a interpretação for fraca e a locução ficar lenta, monótona e sem vida. Comparo o treinamento básico de locução à velha aventura de aprender a andar de bicicleta. No início, vem a necessidade de conseguir equilibrar-se em cima de duas rodas; depois, a coordenação entre pedais e freios; então é preciso saber dirigir a bicicleta para onde se quer ir. Quando nosso cérebro se acostuma com tudo isso, processando cada momento com a intervenção certa de cada movimento de nosso corpo, podemos dizer que sabemos andar de bicicleta. Mas se formos eternamente inseguros, sem autoconfiança, nosso aprendizado será mais lento. A mesma coisa ocorre com a prática de locução. Quanto mais nos expusermos, melhor. Devemos nos esforçar para superar nossas limitações, tensões e inibições. Somente assim cresceremos. Treine também na leitura de jornais e revistas, valorizando a velocidade e a dinâmica das frases.

5. LOCUÇÃO INSEGURA. Ocorre quando falta preparo, concentração e assimilação do assunto. Durante a fala, o locutor deve certificar-se de que a ideia esteja formada e os textos bem memorizados. A insegurança durante a fala surge quando as ideias são mal estruturadas, os conceitos pouco elaborados e o texto mal preparado. O locutor passa ao ouvinte sua falta

de segurança e sucessivamente coloca em dúvida a credibilidade da sua mensagem. Antes de apresentar um texto, leia-o pelo menos três vezes, sublinhando palavras difíceis de serem pronunciadas, nomes desconhecidos ou estrangeiros. Antes de falar ao microfone, tenha em mente o começo, meio e fim do assunto a ser abordado. A melhor maneira para sentir-se seguro no ar é planejar tudo que vai fazer e falar. Procure colocar anotações e ideias no papel e não confie muito no improviso nesse caso. Pode acontecer o tradicional "branco", tornando-o refém do momento. A locução com segurança vem do treinamento constante, do conhecimento e da preparação dos assuntos a serem abordados.

6   LOCUÇÃO SEM CLAREZA. Vem do desconhecimento dos assuntos abordados, ou ainda, da falta de leitura e preparo antes da fala. A falta de clareza ocorre também nos momentos de tensão. Procure relaxar, certificando-se do que vai falar. Concatene as ideias antes, não no momento da fala.

7   LOCUÇÃO CARREGADA. Ocorre quando o locutor estende os finais de frase e enfatiza em demasia o início das sentenças, ou, ainda, quando é prolixo em seus comentários, ou seja, fala por muito tempo sobre o mesmo assunto, tornando-o cansativo. A locução também se torna carregada quando o locutor perde tempo explicando questões óbvias. Seria como tentar explicar por que a roda roda. Ela roda porque é circular, e pronto.

8   Locução muito regionalizada. É a locução carregada de regionalismos. Não podemos considerar que o sotaque seja um erro. No entanto, existem regiões mais resistentes que outras quanto ao regionalismo. Cabe ao locutor que atua fora de sua localidade ter a sensibilidade de atenuar sua linguagem e se adaptar aos padrões regionais locais, caso seja necessário. É importante estar atento para não tentar impor expressões e costumes socioculturais, principalmente quando se atua em áreas mais conservadoras e resistentes a determinados tipos de regionalismo. Tanto no rádio como na TV, os valores regionais são muito valorizados pelos ouvintes ou telespectadores.

9   Locução com excesso de gírias. Quando o locutor fala ao microfone, em especial nos momentos de improviso, deve elaborar bem as ideias para que, na formação das frases, não faça uso excessivo de gírias ou palavras inadequadas. Uma giriazinha leve até que cai bem aqui ou ali, a fim de descontrair determinados momentos; no entanto, devem ser utilizadas com critério. Mas não devemos generalizar as coisas, pois existem emissoras de rádio que aplicam a gíria na sua comunicação por serem direcionadas ao público jovem. Nesse caso, vale a linguagem mais descontraída, leve e, até certo ponto, despojada. Cabe ao comunicador estar atento para não utilizar uma linguagem chula ou pobre.

10 Locução com vícios. Ocorre com aqueles que iniciaram o aprendizado sem a devida correção no momento dos

primeiros erros. O tempo vai passando e o profissional continua carregando consigo esses erros, que se tornam vícios. Para trabalhar em emissoras dos grandes centros, o profissional terá de se conscientizar da necessidade de superá-los. Consideramos vícios: uso de expressões de apoio, como "né", "então", "pois é", "então tá", impostação errônea da voz, argumentos mal elaborados durante o improviso, falta de profissionalismo no desempenho das funções, a não-observação dos formatos de programação da rádio e a má organização do estúdio durante o trabalho. Só há duas maneiras de superar esse problema: uma é ter humildade suficiente para reconhecer o que há de errado e a outra, força de vontade para vencer os vícios, combatendo-os com profissionalismo e determinação.

11 Locução muito presa ao papel. Acontece quando o comunicador dá mais importância à leitura do que à interpretação. Ao ler previamente uma lauda, o locutor destaca os pontos do texto em que caberá uma inflexão mais moderada ou mais marcante. A locução presa ao papel passa ao ouvinte uma sensação de insegurança e falta de espontaneidade, soando mecânica.

12 Locução codificada. Ocorre quando a linguagem de rádio não está presente, ou seja, o texto é lido sem inflexões, exclamações ou entonações. A locução codificada revela um locutor inseguro e despreparado. Para superar o problema é necessário que o comunicador prepare bem o texto, lendo-o várias vezes e usando cor-

retamente a tessitura de voz (médios, graves e agudos), além de projetar mais a voz no momento da fala.

13 LOCUÇÃO EXCESSIVAMENTE AGUDA. Ocorre quando a frequência da voz se concentra acima da sua tessitura natural, criando um tom metálico. Para que a voz possa se definir segundo um tom mais grave, procure ampliar ao máximo a cavidade orofaríngea (com movimentos de bocejo). Com o relaxamento da mandíbula no momento da fala podem-se obter sons mais graves.

14 LOCUÇÃO EXCESSIVAMENTE GRAVE. A voz excessivamente grave pode tornar-se caricata ao microfone. Procure não forçar os registros graves, impostando sua voz. Module a voz de acordo com as frequências naturais da sua tessitura, usando também os registros médios e agudos. Uma voz impostada que utilize os tons graves pode trazer à locução uma interpretação muito lúgubre e formal.

15 LOCUÇÃO EXCESSIVAMENTE SUAVE. É importante que a voz tenha momentos de suavidade durante a interpretação; no entanto, cuide para que essa suavidade não seja constante e atribua um ar monótono à sua locução. Varie a intensidade para que a interpretação ganhe colorido e vida.

16 LOCUÇÃO AGRESSIVA. A locução agressiva tem grande relação com o fator psicoemocional do comunicador. É preciso saber identificar o momento de ser mais contundente ao falar. Uma exaltação, com bom senso e bem articulada, a favor da ética e da justiça impõe respeito e

confiança. Os excessos podem soar como provocações, causando polêmicas desnecessárias e antipatia por parte do ouvinte. Procure verificar seu estado emocional e refletir muito antes de dirigir-se às pessoas no ar. Reflexões devem anteceder qualquer desenvolvimento de assunto. Se você estiver tenso, tente preparar bem o que vai falar, respire fundo, concentre-se e discorra sobre o assunto sempre de maneira compassada, sem tomar ar de modo excessivo.

17 LOCUÇÃO ESTRIDENTE. Acontece quando a voz se define na máscara da face, na região da glote. Isso se deve ao excesso de ar usado, com muita pressão sobre o aparelho fonoarticulatório. Procure controlar as tomadas de ar e, consequentemente, concentre sua inflexão de voz nos registros médios-graves.

18 LOCUÇÃO INSEGURA. É originada por aspectos psicoemocionais do comunicador. A verbalização insegura revela ao ouvinte um comportamento instável e despreparado. A insegurança demonstra, ainda, falta de identificação com o tema. O comunicador deve sempre preparar suas abordagens e certificar-se do conhecimento dos assuntos antes de falar.

19 LOCUÇÃO GUTURAL. Neste caso, a voz produzida é marcada por forte tensão, principalmente na região da face ou da glote. A voz gutural tende a melhorar quando o locutor diminui o impulso respiratório, podendo, dessa forma, coordenar o volume de saída de ar ao falar. Na inflexão diafragmática, a produção da voz interage

com a musculatura do diafragma, que, quando se contrai, impulsiona o ar, que recebe a pressão dos músculos situados no ventre. A voz produzida nessa região ganha um tom mais aveludado, pois a projeção sonora é definida por meio de frequências mais graves.

20 LOCUÇÃO ANASALADA. Identifique o que está originando o som anasalado no momento da fala. Esses sons podem estar sendo retidos na parte posterior das fossas nasais por motivos diversos, como uma carne esponjosa, rinite, sinusite, uma gripe forte que congestione as vias respiratórias e, consequentemente, afete a ressonância dentro delas. Ao detectar o problema procure superá-lo com a ajuda de um profissional especializado (otorrinolaringologista ou fonoaudiólogo).

21 LOCUÇÃO SEM PONTUAÇÃO. Durante a leitura de uma frase o locutor deve sempre estar atento à sua pontuação. Deve respeitar as vírgulas e os pontos, já que, quando omitidos, mudam completamente o sentido de uma frase. Os pontos e vírgulas marcam os momentos de respiração do locutor; quando esse procedimento é feito de maneira correta, o texto mantém seu sentido e lógica. Uma frase mal pontuada é uma frase sem efeito, muitas vezes desconexa. Ao fazer a leitura de um texto, o locutor deve ter em mente o seu sentido e a localização de toda a pontuação. Existindo esse rigor, haverá boa compreensão por parte do ouvinte.

22 LOCUÇÃO CADENCIADA. A cadência deixa a linguagem radiofônica sem variações interpretativas. Seja na

notícia, seja durante a fala coloquial, a cadência excessiva torna o locutor formal e repetitivo. Procure variar o ritmo e as nuanças da modulação durante a fala.

23 Locução sem projeção e ressonância. A ressonância tem uma relação direta com a emissão de voz do locutor. Ela varia conforme a potência da voz e a clareza do timbre. A falta de ressonância deixa a locução interiorizada, ou seja, para dentro. Nesse caso, o locutor fala de forma insegura e titubeante, dando ao ouvinte a impressão de que não acredita naquilo que está falando. Vale ressaltar que a ressonância se relaciona com a projeção de voz na máscara da face.

24 Locução com postura física alterada. A musculatura do aparelho fonoarticulatório deve estar livre e desimpedida para uma fonação perfeita. E esse fator relaciona-se diretamente com postura. A posição do locutor perante o microfone deve ser ereta, com tórax e coxas formando um ângulo de noventa graus.

25 Locução sem entusiasmo. O entusiasmo e a emoção do locutor têm voz própria. Os ouvintes costumam identificar a emoção de quem emite a voz, descobrindo seu estado de espírito naquele momento. Quem está feliz tende a falar com voz mais alta e aguda, ao contrário da voz tristonha e desanimada, mais baixa e grave. Fala em tom grave quem sente raiva, e a voz afina e baixa de volume em situação de constrangimento. O comportamento da sua voz

deve variar de maneira equilibrada; quando estiver falando com entusiasmo, não exagere.

26 LOCUÇÃO SEM ESPONTANEIDADE. A espontaneidade torna a locução mais atrativa, mas exige preparação. Quando estiver falando ao microfone, busque a naturalidade, seguindo seu roteiro de forma a não demonstrar que está lendo. Procure ouvir e raciocinar quando estiver falando para que a espontaneidade não se disperse. Nosso raciocínio deve estar sempre à frente da palavra para que possamos concatenar nossas ideias, dando começo, meio e fim a tudo que dissermos.

27 LOCUÇÃO SEM CONTEÚDO. É preciso conhecer a mensagem principal e expressá-la com propriedade. Mantenha-se sempre bem informado quanto aos acontecimentos do dia-a-dia. Assuntos relacionados com política, esportes, economia e atualidades são aqueles que mais interessam ao público. Demonstre conhecimento ao ler uma notícia e procure fazer um breve comentário, com lógica e conteúdo, quando isso lhe for permitido.

28 LOCUÇÃO SEM DESCONTRAÇÃO. Mesmo as pessoas mais experientes da área ficam tensas em determinados momentos, tanto ao falar em público como em estúdio de rádio ou TV. Ao pressentir a chegada desses momentos, respire fundo várias vezes, sustente a respiração o maior tempo possível e expire lentamente. Procure deixar um pouco de lado a sua responsabilidade de não errar. Imagine que não será você quem vai falar.

29 Locução sem improvisos. Ao falar sem preparação, você deve necessariamente conhecer o assunto. Existem momentos em que o improviso é fundamental para o bom desempenho de um locutor. É nessa hora que devemos falar a coisa certa na hora certa. A improvisação deve seguir o assunto que está sendo abordado, tendo, em si, uma concatenação lógica de ideias que possuam começo, meio e fim. Tente imaginar-se em várias situações que peçam o improviso e pense em como lidaria com elas. Guarde-as em sua mente pois, quando precisar, elas virão instantaneamente.

30 Locução sem originalidade. Tenha criatividade, seja você mesmo. Cada um cria maneiras exclusivas de gerar sons, com esse ou aquele conjunto de movimentos musculares. A originalidade deve ser uma das regras fundamentais do seu trabalho. É perfeitamente normal nos espelharmos em profissionais mais experientes, mas isso não quer dizer que devamos imitá-los. Devemos observar a forma pela qual desenvolvem seu trabalho, a maneira como envolvem os ouvintes, e adaptar essas informações a um estilo próprio.

31 Locução em desenvolvimento. É muito comum que o locutor iniciante tente imitar o estilo de outro profissional. Isso muitas vezes traz insegurança ao "imitador", já que este não possui as características pessoais do outro. Por exemplo: um locutor com características vocais mais agudas, ao tentar imitar um profissional que possua uma voz mais grave, forçará suas estrutu-

ras laríngeas, o que lhe poderá causar danos. Assim, o locutor deve esforçar-se por buscar seu próprio estilo, descobrir seu potencial e desenvolvê-lo ao máximo.

32 LOCUÇÃO COM VOCABULÁRIO COMPLEXO. Tente falar de maneira simples e clara. O rádio não possui imagem, portanto o locutor deve expressar-se sem abstrações, de forma que o assunto seja compreendido pelo ouvinte. Outro ponto essencial na compreensão de uma mensagem é o respeito à velocidade da fala por parte do locutor. Coisas faladas no ar com muita rapidez não são compreendidas pelo ouvinte. Seja claro e acessível ao falar, resistindo à tentação de sobrecarregar o assunto com termos técnicos. O locutor deve saber o que falar e para quem vai falar, mas deve cuidar para que o conteúdo não fique muito explicativo ou descritivo. Isso pode cansar o ouvinte ou denotar que sua inteligência está sendo desprezada.

33 LOCUÇÃO SEM CARISMA. É natural que as pessoas se identifiquem mais com um ou outro comunicador. Saiba cativar seus ouvintes, sendo simples, sincero e acessível. Tente ser mais específico, resista à tentação de exibir todos os seus conhecimentos a respeito de determinado assunto. O ouvinte quer entender o que você está falando. Respeite sua inteligência e dirija-se a ele com cortesia e consideração. O ser humano, por sua própria essência, gosta de ser bem tratado dentro do grupo ou coletividade em que convive. Procure ser educado, transparente e sincero ao microfone; assim

preencherá parte dos requisitos fundamentais para cativar os seus ouvintes.

34 Locução tensa. O aparelho fonoarticulatório recebe todas as emoções sentidas, por estar diretamente ligado com o sistema nervoso central. Um locutor sob tensão tem sua respiração alterada, de forma a ficar curta, faltando fôlego para a emissão dos sons. Sem pressão suficiente de ar, as pregas vocais se esforçam em dobro e deixam de trabalhar em sincronia. Busque o relaxamento e a descontração para poder superar os efeitos da tensão emocional.

35 Locução inibida diante do público. O profissional de rádio ou TV não deve se restringir às quatro paredes de um estúdio, mas sim desenvolver técnicas que possam ser usadas diante do público. Para que o locutor possa executar bem seu trabalho, ele deve utilizar técnicas de relaxamento, a fim de superar o estresse. Também deve mostrar-se, encarar o público e construir uma relação de confiabilidade mútua.

36 Locução sem sorriso. Encare sua plateia com um sorriso. O sorriso estabelece uma relação direta com o público, despertando-lhe interesse e fazendo que fique atento ao que você vai falar.

37 Locução sem autenticidade. Use palavras simples, transmita autenticidade e transparência. Para que tenha o sucesso esperado em sua profissão, não se esqueça de que "o locutor é no ar o que ele é como pessoa". Procure acompanhar as notícias e os principais acontecimentos do cotidiano para que se sinta mais seguro.

38 Locução com o microfone em posição incorreta. Alguns anos atrás, os microfones não possuíam os recursos dos de hoje. Com o desenvolvimento dos atuais, temos condições de levar a voz humana a extraordinários limites. Quando estiver ao microfone, observe as regras de uso do aparelho para que você possa ter um bom desempenho. Certifique-se de que o equipamento está funcionando corretamente.

39 Locução sem concentração. A concentração é fundamental para a perfeita operação da mesa de áudio, quando se tratar de um locutor-operador (FM). Também é indispensável à sincronia entre locutor e operador de mesa de áudio (AM).

40 Locução sem planejamento. O locutor deve ser convincente. Não deve titubear ou demonstrar incerteza ao falar. Ao expor ideias, deve ter a preocupação de dar a elas começo, meio e fim. É preciso conhecer muito bem o assunto a ser abordado e estar informado sobre todo o andamento do programa.

24 RÁDIO: A MAGIA DA TRANSMISSÃO

Gosto de cultivar o hábito de fazer uma caminhada ou corrida leve diariamente. Viajo muito a trabalho e, dessa forma, procuro unir o útil ao agradável, pois sempre carrego um aparelho de MP3 com rádio para que possa ouvir a programação das emissoras locais. Separo um tempinho, sempre nos finais de tarde, para essa prática.

Lembro-me de uma passagem por Florianópolis num final de semana de inverno, quando escolhi andar pela avenida Beira-Mar Norte. Durante minha caminhada, já envolvido pela brisa fria do mar e pelo som do rádio, percebi alguns marcos na trajetória, e chamou-me a atenção a placa de metal em sua base que dizia:

> Projeto Helius – Este projeto quer estreitar as distâncias entre você e as estrelas, entre você e a informação. Ao longo desta avenida, você poderá criar marcos de referência usando a escala das posições dos planetas do sistema solar. Cada metro percorrido ao longo deste trajeto corresponderá a um milhão de quilômetros no espaço interplanetário.

O marco ao lado do qual eu me encontrava correspondia ao planeta Júpiter. A placa trazia a informação, assinada por um físico – o professor Alexandre de Oliveira –, de que o próximo marco estaria 778 metros à frente e corresponderia ao planeta Saturno. Segui em direção a Saturno pensando que cada passo dado no trajeto equivaleria a um milhão de quilômetros no espaço. Isso me fez refletir sobre quanto o homem é pequeno diante da natureza, da vida e do universo.

Demorei um bom tempo para chegar ao próximo marco. No entanto, da mesma forma que somos tão pequenos diante da infinidade das coisas, conseguimos diminuir a distância entre os pontos e abreviar o tempo das atividades. Atualmente, conseguimos fazer que uma informação percorra em instantes as distâncias entre terra, céu e mar. É da natureza do homem transpor barreiras diante do desconhecido. Basta observarmos a evolução das coisas, inclusive o processo que levou à invenção do rádio.

O que me fascina no rádio é o momento da transmissão. No mesmo instante podemos emocionar os ouvintes ou despertar seu interesse com a combinação de ideias e palavras ditas ao microfone. Observe a natureza física do rádio durante a transmissão, atente para sua capacidade de atingir uma quantidade enorme de pessoas ao mesmo tempo. Essa forma de comunicação nos insere na convivência diária das pessoas.

Sou suspeito para falar sobre essa incrível invenção. Prefiro transcrever um texto memorável da escritora Rachel de Queiroz, que tratou muito bem do assunto:

Sei que o homem desembarcar na Lua foi o fato mais importante do século passado – e quem sabe até da história do mundo. Mas a divulgação do rádio transistor teve um alcance muito maior, em sentido imediato. Não conheço outra criação do progresso que possuísse tal capacidade de penetração nem fosse tão rapidamente aceita pelas populações mais atrasadas. Máquina de costura, luz elétrica, tudo isso espalhou-se depressa e profundamente – mas não chega aos pés do rádio de pilha.

Até do motor à explosão o rádio ganha, por causa da sua acessibilidade. Todo mundo pode sonhar com um carro, até o índio – mas adquiri-lo já é outra coisa. Enquanto o rádio está praticamente ao alcance de todos – até do índio, também.

No sertão mais escondido, em barracas secretas de rio por Amazonas e Goiás, em serranias perdidas, em campinas. Longe do mundo, se a gente avista uma casa de caboclo, de colono, de pioneiro emigrante, nove casas em cada dez, verá, por cima do telhado rústico, de cumeeira a cumeeira, o fio de cobre da antena do rádio.

Dentro da casa haverá um tamborete, um pote, um fogão de barro, nada mais. Porém, em cima de um caixote improvisado em mesa, trepado num caritó na parede da sala, quase infalivelmente você verá um rádio. Tocando o dia inteiro [...].

E comove a gente ouvir o trançado das informações e avisos. [...] A princípio estranha-se como é que chegam ao destino aquelas comunicações perdidas, sem horário certo. Depois se entende – os rádios estão sempre ligados [...].

É raríssimo perder-se um comunicado ou chegar ele com atraso. Sempre alguém por perto escutou. E pode faltar na casa o

> dinheiro para o fumo ou o café, para a rede nova, para o corte de pano da mulher, mas não faltará para o carrego do rádio – ou seja, carga de pilhas do aparelho. [...]
> Qualquer negócio vale, contanto que o rádio venha; pois é da nossa natureza, mesmo entre os mais esquecidos e abandonados seres, esse desejo e esse orgulho de pertencer – nem que seja através de uma voz distante dentro de uma caixa de plástico –, de fazer parte, de se integrar na comunhão dos homens.[22]

O rádio foi considerado uma das maiores invenções do século XX, e um dos mais importantes recursos a serviço do homem do século XXI. Afinal, levar, por ondas eletromagnéticas, dados, informações, prestação de serviço e entretenimento faz dele, dentre os veículos da mídia eletrônica, um dos mais interligados à vida humana.

EVOLUÇÃO SILENCIOSA

Se alguém ainda não percebeu que estamos vivendo uma revolução com proporções jamais vistas é porque não parou para pensar, ou conhece pouco da história das outras revoluções que marcaram as passagens das eras, dos estágios da vida.

Para nós que vivemos essa revolução tecnológica, fica difícil estabelecer quando foi o seu início: se foi quando o homem pisou na Lua, se foi quando fizemos o primeiro trans-

---

[22] Rachel de Queiroz. "Rádio Transistor". *O Estado de S. Paulo*, 15 jul. 2001.

plante ou o primeiro bebê de proveta, ou ainda, o primeiro microcomputador. Porém, mais importante do que saber quando começou é saber o que está mudando em nossa vida, em nossos hábitos, atitudes e comportamentos.

No século XXI, o homem passou a criar máquinas ainda mais extraordinárias, desenvolvendo-as de modo a serem acessíveis, se não a todas, a milhões de pessoas. O mundo virou uma usina de ideias juliovernianas, visto que o mercado sedia uma corrida pela melhor, menor e mais barata tecnologia. Quem ganha somos nós, que passamos a ter acesso a recursos que tornam a vida mais agradável, colorida, desfrutável, segura e produtiva. A habilidade de desenvolver ideias e reinventar a forma de fazer as coisas é, em última instância, o que eleva o nosso conforto.

O astrobiólogo e popularizador da ciência Carl Sagan (1934-1996) foi o autor da frase: "Toda tecnologia suficientemente avançada parece mágica". Hoje sabemos que para conviver com a magia da vida moderna precisamos ter a criatividade não só como um diferencial, mas como a própria razão de ser. Por exemplo: quase não se usa dinheiro vivo para nada. Se quiser, você pode adquirir tudo por cartão de crédito ou débito automático em sua conta bancária. Um telefone celular com acesso à internet nos coloca em contato com o mundo; quase ninguém vive mais sem ele. Podemos nos conectar também por meio de microcomputadores e notebooks, que possibilitam o acesso a um volume de informações jamais disponibilizado ao homem em toda a sua história. Por enquanto, essas facilidades ainda não estão disponíveis a todos; mas a revolução já começou e em pouco tempo alcançará grande parte da humanidade. Esse mundo *à la* Flash Gordon, Buck Rogers ou Cavaleiros Jedi é uma realidade. E como essa revolução não poderia deixar de acontecer nas comunicações, você, profissional do rádio ou aspirante, assim como o veículo, não pode parar no tempo. Aliás, o tempo nunca foi tão relativo, pois um segundo pode mudar a sua vida. Você precisa saber qual é o seu papel em meio a tudo isso e como atualizar seus métodos de trabalho.

O tempo não para e silenciosamente nos deixa para trás quando nos acomodamos, em especial quando o assunto é o rádio e sua tecnologia. A portabilidade o incorporou definitivamente à vida das pessoas. Hoje o rádio migra para os tempos do digital. A qualidade sonora e os recursos de interatividade com o ouvinte possibilitam ao radiodifusor disputar outros segmentos do mercado publicitário, sem mencionar a possibilidade de gerar outros conteúdos além da frequência principal.

COMO FUNCIONA O RÁDIO

Assim como ondas são formadas quando se atira uma pedra na água, podem-se provocar oscilações na eletricidade, causadas por um campo eletromagnético que se propaga no espaço com a velocidade da luz (300 mil km/s).

Como vimos no Capítulo 1, "A história do Rádio", a partir de 1879 o físico alemão Heinrich Hertz desenvolveu diversas experiências, observando que a corrente elétrica circulava ora num sentido, ora noutro, devido ao fenômeno da autoindução. Isso se deu em virtude de um aparelho usado nessas experiências, chamado oscilador.

Os estudos de Hertz foram o ponto de partida para o desenvolvimento da radiotelemetria, da radiotelefonia e para a invenção da televisão, "preparando o terreno" para outros físicos, como Eduardo Brauly e Guglielmo Marconi, que em 1896 patenteou o primeiro aparelho transmissor sem fio.

CONVERSÃO DE ONDAS

As ondas sonoras são resultado de variações da pressão, e sua propagação depende de um meio material. À medida que a onda de som se propaga, o ar é primeiro comprimido e depois rarefeito, pois é a mudança de pressão do ar a responsável pela produção do som. Então, para transmitir a voz humana ou a música, é preciso converter as ondas sonoras em ondas eletromagnéticas de radiofrequência, e depois reconvertê-las em sonoras para que possam ser ouvidas.

O primeiro papel é desempenhado basicamente pelo microfone, e o segundo pelo alto-falante, com o auxílio de válvulas, transmissores e transistores.

MICROFONE

Do mais simples ao mais sofisticado, como detalhamos no capítulo 18, "O locutor e o microfone", os microfones são ligados a um circuito oscilante que consiste em uma membrana metálica flexível que recebe as vibrações sonoras do ar. Atrás dessa lâmina, há um recipiente que contém minúsculas esferas de carvão condutor, as quais estabelecem contato com o envoltório metálico e deste com o resto do equipamento. Esse contato é instável, pois as pequenas esferas tocam-se levemente. Sob o impacto de um som intenso envolvendo a membrana, os grãos de carvão se reúnem, realizando, assim, a passagem da corrente.

Conforme a pressão da onda sonora vai diminuindo, a membrana tende a voltar à sua posição de repouso e as esferas de carvão se distanciam novamente. Devido às oscilações do ar, as variações de pressão são transmitidas pelas vibrações elásticas sonoras, que são transformadas em variações de resistência elétrica. Teremos, dessa forma, uma corrente de radiofrequência.

RECEPÇÃO E SINTONIA

O receptor se comporta como um transmissor às avessas. A antena receptora colocada no interior ou exterior das casas fica em meio ao campo eletromagnético irradiado pelo distante transmissor. Nela, induz-se uma corrente alterada, com as características da que circula pela antena do transmissor, porém com intensidade e potência alguns milhões de vezes mais fracas.

    Essa fraca corrente induzida na antena do receptor é fundida em um circuito oscilante, que se diz sintonizado quando está ajustado à mesma frequência da onda portadora transmitida. A igualdade de frequências entre o circuito receptor e o circuito transmissor é conhecida por ressonância. Quando se muda, no receptor de rádio, de uma para outra estação, é alterada a frequência na qual a corrente elétrica pode oscilar no circuito da antena.

DETECÇÃO E ALTO-FALANTE

A modulação sonora imprimida a ondas de radiofrequência torna-se audível no rádio por meio da detecção, processo no qual toma parte a válvula do transmissor. Para ser detectada, a onda de rádio recebida tem necessidade de uma válvula, um cristal de germânio, de silício ou um transistor. Eles operam como filtros condensadores da onda de radiofrequência transmitida. Os impulsos elétricos recebidos ganham todos a mesma direção.

    Amplificados, esses impulsos passam para o alto-falante do rádio, que só responde à sintonia das oscilações correspondentes à frequência sintonizada. O alto-falante é constituído por uma pequena bobina com um cone. As diversas intensidades dos impulsos elétricos, que alimentam a bobina, provocam diferentes deslocamentos de ar acompanhados pelo cone, correspondendo a sons mais fortes ou mais fracos, mais numerosos ou mais raros.

Em resumo, as vibrações do ar transformam-se no microfone em corrente modulada, que por sua vez se transforma e alimenta a antena do transmissor. O transmissor da emissora envia a programação e a antena do rádio receptor é ativada, produzindo novamente a corrente de radiofrequência. Essa corrente, depois de amplificada, é detectada, ou seja, depois de reproduzir o que veio da antena do transmissor da emissora até a antena do rádio, ela é transformada de onda eletromagnética em onda sonora, para que seja inteligível.

As estações de rádio, que produzem as ondas eletromagnéticas chamadas hertzianas, são controladas pelo governo para impedir a interferência de uma nas outras. Em geral, as emissoras comerciais usam a faixa acima de mil metros, as chamadas ondas longas. Os comprimentos de onda entre cem e mil metros correspondem a ondas médias. As ondas curtas, de dez a cem metros, são usadas em várias ocasiões, como nas comunicações em voos, em radioamadorismo e nas comunicações intercontinentais.

A diferença fundamental entre o comportamento das ondas longas e o das ondas curtas é que as longas podem contornar obstáculos como edifícios, montanhas etc.

As ondas curtas não podem fazê-lo facilmente, mas em compensação podem ser concentradas em finos feixes como um facho de luz. Essas ondas podem ser também usadas para orientar ou detectar aviões, submarinos e foguetes balísticos. Estão nessa categoria das ondas de radar.

MANTENDO A CONSTÂNCIA

Imaginemos um pêndulo que oscila livremente. Depois de algum tempo, dependendo do atrito, a amplitude das oscilações diminui e o pêndulo acaba parando. Já o pêndulo de um relógio continua funcionando, pois a energia mecânica armazenada na corda supre continuamente a energia perdida pelo atrito e mantém constante a amplitude da oscilação. O oscilador usado por Hertz tinha o inconveniente de enfraquecer gradualmente as oscilações produzidas, isto é, as ondas cessavam ao serem amortecidas. Hoje, em circuito oscilante, a válvula e o transistor permitem suprir a energia perdida em cada ciclo, mantendo continuamente a amplitude da oscilação elétrica.

25 ORGANIZAÇÃO DE UMA RÁDIO

PROGRAMAÇÃO

Se traçarmos um paralelo entre AM e FM, notaremos que diferem na forma como transmitem a mensagem.

Em FM, a transmissão da notícia, por exemplo, é encarada como um apêndice da programação, pois a característica fundamental é a transmissão de músicas, o entretenimento. As primeiras emissoras de frequência modulada (FM), com melhor qualidade de som que as de AM, no início transmitiam músicas instrumentais, ideais para salas de espera e ambientes internos. Não tinham muita audiência do público jovem. Isso só foi alcançado a partir de 1976, quando algumas emissoras começaram a dirigir sua programação a ele. Para quem dispunha de um gravador, era uma boa chance de atualizar sua discoteca.

Em AM notamos que a essência da programação é o jornalismo, pois dedica maior espaço à notícia, seja por meio de noticiários regulares, seja pela participação de comentaristas e comunicadores especializados nos mais variados estilos de programação. Em emissoras de AM, o imediatismo e a precisão da notícia vêm dos inúmeros repórteres espalhados pelo país, agora auxiliados por ouvintes-repórteres, cidadãos comuns que fazem seu relato por meio de telefones celulares.

PARTICIPAÇÃO DA NOTÍCIA

Para que possam executar a sua função jornalística, as emissoras de rádio possuem equipes capazes de levar o acontecimento até o ouvinte. Em geral, as emissoras que dão maior destaque à informação são as que transmitem em AM (amplitude modulada – ondas médias). Por sua vez, as FMs, em geral, apenas fazem o suficiente para cumprir a lei no que diz respeito aos programas jornalísticos.

No entanto, não podemos esquecer que, nessas duas modalidades, encontramos diversos graus intermediários da presença da notícia na programação das emissoras, a qual varia entre mais músicas ou mais notícias, mais comentários ou mais reportagens.

EQUIPAMENTOS

Há uma grande necessidade de que existam materiais e equipamentos à disposição, para que os profissionais possam exercer com qualidade sua função de transmitir a programação. No caso das emissoras de FM, cuja programação basicamente consiste em transmitir músicas entremeadas com breves conteúdos apresentados pelos locutores, é preciso que possua farto material musical.

Sendo a música o principal conteúdo da programação, faz-se necessário que se mantenha o acervo atualizado com lançamentos nacionais e internacionais (além de contar com músicas que fizeram sucesso no passado – flashback) e bem catalogado, a fim de facilitar o trabalho dos programadores.

A notícia em FM possui um perfil solto e descontraído; na maioria das vezes, há boletins a cada hora. Se a emissora é voltada ao jornalismo, algo comum em AM, alguns equipamentos se tornam necessários, tais como: gravadores digitais, MDs e telefones celulares.

Para que a emissora possa transmitir diretamente do local do acontecimento, ao vivo, hoje em dia basta que o repórter disponha de um telefone celular. No passado, era necessário contar com unidades móveis de transmissão – as viaturas de FM –, com a ajuda das quais o repórter colocava no ar sua informação no momento em que o fato acontecia.

TELEFONE

O telefone é fundamental como elemento de conexão entre ouvinte e emissora. Pode ser usado como instrumento promocional ("Ligue agora e ganhe um superpresente da sua rádio preferida"), como instrumento de utilidade pública ("Para maiores informações a respeito da campanha de vacinação, ligue agora para o número...") ou ainda como instrumento de denúncia ("Denuncie a violência; o Disque-Denúncia ajuda a polícia a ajudar você").

ESTÚDIOS

Quanto aos estúdios, eles devem estar sob constante manutenção, pois funcionam 24 horas por dia e necessitam de cuidados permanentes. Da mesma forma, é imprescindível a constante atualização de sua tecnologia.

PROFISSIONAIS NO RÁDIO

Variam de uma emissora para outra o número e a especialização dos profissionais necessários para a tarefa de veicular a programação. Com relação à transmissão, é indispensável a presença dos profissionais da área técnica, como operadores de áudio e técnicos de manutenção. Nas emissoras de FM, o quadro de profissionais é bem mais reduzido que o das emissoras de AM, devido à grande complexidade funcional da transmissão de programas jornalísticos. De maneira geral, as funções que podem ser encontradas em uma emissora de rádio são descritas a seguir.

Setorista: trabalha em local fixo, onde costumam acontecer fatos com peso de notícia. Como está em um ponto fixo, dispõe de tempo, o que facilita um trabalho pormenorizado. Esses locais são determinados pela redação e podem ser aeroportos, postos de observação de trânsito, salas de imprensa da polícia, sedes do corpo de bombeiros, entre outros.

Radioescuta: tem por atribuição, como o próprio nome indica, ouvir as outras emissoras para saber o que elas estão apresentando ou noticiando. São selecionadas algumas emissoras, tanto locais como de outros estados e países, e os noticiários dessas emissoras são gravados, transcritos e distribuídos pela redação. Há alguns anos, o profissional radioescuta utilizava um aparelho receptor de rádio para executar o trabalho, o que reduzia sua abrangência. Atualmente, pela internet (www.radios.com.br) pode-se ouvir qualquer emissora do planeta sem restrições de potência ou de alcance geográfico.

Redator: sua principal função é redigir textos para serem levados ao ar. Conforme a necessidade, podem existir redatores especializados em áreas distintas dentro da emissora, tais como política, saúde, economia, esportes etc.

Editor de reportagem: tem por função selecionar, revisar e montar as matérias de sua editoria. Ele complementa o trabalho de edição com técnica em estúdio, a fim de determinar o tempo destinado a cada matéria antes de ir ao ar. Os cortes são necessários para evitar erros por parte do entrevistado ou do repórter, implicações políticas e econômicas ou desencontro de informações, além de adequar as matérias ao tempo disponível.

Editor-chefe: é ele o responsável por toda a linha editorial adotada pela emissora de rádio. Tem sob sua orientação o trabalho dos redatores.

Chefe de reportagem: exerce uma função significativa no departamento de jornalismo da rádio. Ele deve determinar as matérias a serem cobertas por sua equipe de reportagem externa.

Pauteiro: seleciona assuntos que poderão gerar reportagens. Também é o responsável pelo recebimento de grande parte dos materiais de divulgação, ou releases, de fatos, acontecimentos, pessoas, podendo, com isso, sugerir matérias ou pessoas para serem entrevistadas. Seu trabalho é diretamente ligado ao do chefe de reportagem.

Repórter: é o responsável pela cobertura da notícia, deslocando-se até o local do acontecimento. Coleta informações, grava entrevistas, anota depoimentos e elabora a mensagem informativa. O repórter de rádio deve falar bem, ser criativo e um bom improvisador, aproveitando todos os recursos de verbalização para conseguir o máximo de clareza.

Locutor: a ele cabe a leitura dos textos preparados pela redação e a apresentação de comentários de um programa. Seu trabalho requer muita responsabilidade, pois nele está envolvida a credibilidade por parte do ouvinte. Deve primar pelo bom desempenho de suas funções, já que ele é o representante do trabalho de todos os seus companheiros.

Comentarista: profissional de comunicação especializado em determinado assunto inserido no esquema editorial da emissora. Cabe a ele a elaboração de pareceres, para que a matéria seja mais bem compreendida pelo ouvinte.

Apresentador: profissional da locução que segue um perfil próprio em sua programação. Comunicar-se de maneira equilibrada e criativa é fundamental para o sucesso de seu trabalho. Deverá seguir, ou não, um roteiro pré-estabelecido pela produção. No primeiro caso, deve seguir o roteiro à risca; no segundo, deve usar a criatividade e o improviso como matérias-primas fundamentais para que tenha condições de analisar os fatos que estiver apresentando e dar sua opinião sobre eles.

Produtor: é ele quem elabora todas as programações da emissora, quando pequena; quando de maior porte, dividem-se conforme a programação, geral ou específica. Cria o formato e a plástica da programação, seja ela musical ou específica.

Programador musical: seleciona as músicas a serem tocadas, trabalhando em estreita ligação com o coordenador artístico, seguindo suas orientações quanto ao que tocar ou não. O programador recebe os lançamentos das gravadoras e os seleciona, adequando a programação e o estilo de música.

Promocional: é o departamento da rádio mais ligado ao público ouvinte. Promoções, quando bem idealizadas, aumentam a audiência e a popularidade da rádio. Atualmente, a promoção tem se tornado ferramenta de trabalho tanto das emissoras de AM como das de FM, estando relacionada a gincanas, eventos e shows. Em geral, a participação se dá por telefone, internet e correio.

Coordenador artístico: comumente, o coordenador contrata o time de locução de uma emissora, promove eventos e define o estilo da programação musical, com o perfil escolhido pelos diretores da rádio. Esta é uma posição de muita responsabilidade porque a audiência é diretamente associada ao seu trabalho.

Produtor de comerciais: trabalha diretamente com o departamento comercial. Tem a função de produzir e redigir textos comerciais, bem como sonorizá-los e dirigir sua gravação pelo locutor em estúdio.

Operador de áudio: comanda todas as entradas dos registros sonoros que vão ao ar. Deve estar em ativa sincronia com o locutor. Na maioria das vezes, o operador atua com os locutores de AM.

Locutor-operador: é comumente encontrado nas emissoras de FM. É responsável pelo controle da mesa de áudio e pela locução, simultaneamente.

26 AS NOVAS TECNOLOGIAS CHEGAM AO RÁDIO

MUDANÇAS DE COMPORTAMENTO

A descoberta da eletricidade, em 1780, por Benjamin Franklin, estimulou jovens pesquisadores a aprofundarem seus estudos nessa nova e desconhecida área. Após a pilha de Volta e os experimentos de Oersted, Faraday e Ampère, James Maxwell, professor de física experimental da Universidade de Cambridge, Inglaterra, em 1863, demonstrou teoricamente a existência de ondas eletromagnéticas.

O jovem cientista alemão Heinrich Hertz, com base nos estudos de Maxwell, desenvolveu experiências em seu laboratório e fez que faíscas saltassem entre duas bolas de cobre separadas pelo ar, estabelecendo o princípio da propagação radiofônica, segundo o qual ondas eletromagnéticas podem levar energia pela atmosfera.

O semanário *The Economist*, em sua edição de 20 de maio de 1882, comentou: "A eletricidade e a luz elétrica são, muito provavelmente, as melhores invenções já feitas até hoje".

A constante evolução tecnológica experimentada pelo homem tem provocado mudanças em seu comportamento e em seus relacionamentos, uma vez que cria recursos facilitadores e alternativas mais acessíveis. Assim foi com a impressora de Gutenberg, que acelerou a alfabetização do homem, e com o motor a vapor, transportando enormes cargas e aproximando as pessoas. Também o rádio contribuiu para a formação de opiniões, oferecendo informações precisas, de imediato. Nunca um meio de comunicação esteve tão próximo do homem.

SISTEMAS INFORMATIZADOS

É no campo da ciência da comunicação que o homem mais avançou nas últimas décadas. Já não é mais possível deixar de acompanhar o rumo das novas tecnologias que sistematicamente surgem para facilitar as coisas nesse meio. Profissionais que resistiram à entrada das novidades em suas emissoras tiveram duas alternativas. A primeira, aceitar o novo e se inteirar dos novos aprendizados; a segunda, silenciosamente sucumbir em sua carreira.

Muitas emissoras de rádio resistiram às mudanças, considerando os novos processos muito caros e de dispendiosa implantação. Optaram por conservar os antigos processos por mais tempo, mantendo toca-discos, cartucheiras, gravadores de rolo e reprodutores de fita cassete como seus principais periféricos dentro dos estúdios. A tecnologia venceu. Atualmente, grande parte das emissoras já dispõe de equipamentos e sistemas informatizados em sua rotina de trabalho. Aos poucos, a radiodifusão brasileira foi se adequando e se adaptando às mudanças.

Hoje podemos observar um novo comportamento entre os radialistas, que em boa parte se adequaram às facilidades. Pode-se encontrar até com relativa regularidade laptops pessoais de programadores musicais, redatores, comunicadores, locutores e demais profissionais envolvidos na programação.

RECURSOS OPERACIONAIS

Pode-se enviar uma programação para o ar de maneira totalmente automatizada, com qualidade e segurança. Tudo que uma emissora precisa para conduzir sua programação pode ser feito pelos atuais sistemas operacionais. São softwares que proporcionam aos ouvintes um prazer a mais em ouvir rádio. Atualmente, em programas ao vivo ou gravados, o locutor conta com os mais avançados recursos, que possibilitam uma dinâmica de operação sem precedentes.

Recordo dos tempos do disco no ponto, do cartucho fora do ponto e do trabalho que tínhamos para montar a programação da hora. Hoje, com o clicar do mouse abrimos a listagem da programação para que o programa possa realizar a inserção comercial ou a música selecionada.

DISCOTECA VIRTUAL

As músicas, há algum tempo, eram impressas em discos de vinil ou armazenadas em fitas magnéticas de rolo e cartuchos. Atualmente, tornaram-se arquivos de áudio virtuais nos formatos Wave ou MP3, podendo ser organizadas em pastas por estilo musical e com nomes preservados em sua forma original. Esse recurso facilita o gerenciamento do acervo (discoteca), tornando o processo fácil, intuitivo e eficiente. As pastas também podem receber atributos especiais que servirão como critérios para a montagem personalizada de programações.

Os sistemas podem dispor de marcadores automáticos que identifiquem os novos áudios catalogados, de forma a analisá-los, cada um em separado, marcando o ponto ideal para início e para final e eliminando trechos indesejados, como silêncios e aplausos. Essas marcas não alteram o arquivo original da música, evitando com isso a recompressão (nova montagem), que causaria perda de qualidade do som.

RÁDIO DIGITAL

A tecnologia de rádio digital permite que as transmissões por FM tenham a qualidade do CD e as transmissões por AM tenham a qualidade semelhante às FM tradicionais, já que um dos fatores positivos trazidos pelo rádio digital é a melhora considerável da qualidade do áudio.

Além da qualidade de som, o rádio digital permite a transmissão de textos exibidos em um visor do aparelho, além de imagens em baixa resolução e velocidade. Dessa forma, o ouvinte também pode ler informações complementares às notícias transmitidas pela emissora – cotações, previsão do tempo, notícias de trânsito etc. –, bem como visualizar detalhes da programação musical – cantor, título da música.

O rádio digital também permitirá a transmissão de até três programas simultâneos, na mesma frequência, para públicos diferentes.

O custo dos receptores de rádio digital ainda está distante da realidade da maioria dos ouvintes de rádio. Com o passar do tempo, esse custo será diminuído consideravelmente.

ESCOLHA DO PADRÃO PARA O RÁDIO BRASILEIRO[23]

A princípio o Brasil havia escolhido o padrão tecnológico norte-americano In Band on Channel (Iboc) para as operações do rádio digital. O Iboc foi escolhido por funcionar tanto no modelo digital como no analógico, que atualmente os brasileiros utilizam, facilitando a migração. Inicialmente, ele trazia reduções nos gastos da emissora, que poderia utilizar os mesmos equipamentos atuais para transmitir digitalmente, bastando que o transmissor fosse compatível com o módulo digital.

---

[23] Baseado em SIQUEIRA, Ethevaldo. "Hélio Costa abandona projeto de rádio digital". *O Estado de S. Paulo* – 29/12/08.

Em FM se notou pouca diferença com o uso dessa tecnologia, mas em AM a diferença foi bastante significativa, pois a qualidade do som ficou próxima do som da FM atual. A tecnologia Iboc começou a ser utilizada nos Estados Unidos, no México e no Canadá no final da década de 1990.

O Brasil iniciou seus estudos sobre o rádio digital em 2003. No entanto, a tecnologia apresentou muitos problemas durante os testes, que não permitiram sua adoção imediata. O objetivo era utilizar o mesmo canal de frequência para transmitir um único programa, simultaneamente, tanto no modo analógico quanto no digital. A ideia era excelente, mas o sistema não funcionou de forma satisfatória.

Nas transmissões em AM e FM, surgiu ainda o problema do atraso (delay) de oito segundos do sinal digital, em relação ao analógico.

Como o alcance do sinal digital é menor do que o analógico, nos limites de sua propagação, a sintonia oscilava entre um e outro, com grande desconforto para o ouvinte. Outra desvantagem apresentada foi a impossibilidade de se utilizarem receptores portáteis – pois o consumo de energia era tão elevado que as baterias se descarregavam em poucas horas.

Embora parecesse ser a grande saída, a ideia de usar o mesmo canal para transmissões analógicas e digitais, adotado pelo sistema, não teve sucesso na prática. Na Europa, outras tecnologias também se apresentaram; no entanto, o formato obrigaria a troca de todos os receptores. A tecnologia do rádio digital precisa amadurecer, o sistema ainda tem de esperar que o mundo desenvolva uma solução melhor para a digitalização do rádio.

MUDANÇAS NO COTIDIANO DO LOCUTOR

Hoje o locutor tem mais tempo para o ouvinte, para planejar melhor o que vai dizer ao microfone. O profissional tem de conviver com as mudanças de tecnologia para poder interagir com ela, com seus novos conceitos. Não se contrata mais ninguém com reservas quanto à informática; ou seja: é preciso conhecer bem o microcomputador, os sistemas operacionais e os softwares de edição e gerenciamento de áudio.

MUDANÇAS TRAZIDAS PELO COMPUTADOR

A entrada dos computadores nos estúdios aposentou os antigos equipamentos periféricos analógicos, tais como as cartucheiras, os pickups (toca-discos) e os gravadores de rolo. Foi fantástico, pois operar um estúdio até o meio da década de 1990 era uma tarefa desgastante. O locutor tinha de colocar discos no ponto, operar cartuchos, cassetes e fitas de rolo simultaneamente à locução. Esse movimento todo gerava erros durante a execução do trabalho, o que provocava a perda de qualidade da emissora. Existem aqueles que ainda se recordam com muita saudade desse tempo, quando os locutores tinham mais autonomia durante seu horário, ou seja, "colocavam a mão na massa" durante o programa. Mas se você analisar a realidade atual, a facilidade com que se leva um programa ao ar, com um estúdio mais compacto, simples e racionalizado, produz grande economia de tempo, permitindo que o locutor possa dar maior atenção ao seu ouvinte, por meio de um contato mais interativo, por e-mail, pelo chat da rádio ou até por telefone. Quanto à produção de áudio, são indiscutíveis a qualidade e a velocidade que o mercado ganhou com os sistemas de edição não-linear. Hoje um comercial, um jingle ou uma vinheta são produzidos em tempo recorde. Esse fato baixou custos e aumentou a qualidade do atendimento que o rádio pode oferecer ao mercado.

RÁDIO E INTERNET

Observando mais de perto o crescimento dos meios de difusão da informação – MP3 player, iPod, telefone móvel, televisão e satélite –, acredito que não estamos diante de tempos conturbados.

O rádio sempre soube reinventar-se ao longo das décadas. Devemos nos preocupar não com o veículo rádio, mas com as pessoas que trabalham no rádio tradicional e que não perceberam ainda os desafios do rádio digital. As mudanças na forma como o rádio é ouvido apontam para os caminhos que o meio deve trilhar.

No Brasil, 6,2% das pessoas maiores de 15 anos já ouvem rádio pela internet. Ao mesmo tempo, e considerando uma cidade como São Paulo, onde uma parte significativa das pessoas se desloca por meio de transportes públicos (metrô, ônibus e trem), são significativas as oportunidades que os downloads e os podcasts representam. O rádio, o iPod e o reprodutor de MP3 são parceiros perfeitos. E o rádio não pode ignorar os 15,3% dos brasileiros que possuem reprodutor de MP3.

O aumento constante do número de brasileiros que ouvem rádio pela internet indica também que a forma como se ouve rádio no local de trabalho está mudando. Enquanto no passado era comum que os colegas de trabalho chegassem a um consenso sobre a rádio que queriam ouvir (e que ninguém podia odiar), levando à escolha de formatos em geral populares, agora, com a possibilidade de ouvir rádio individualmente pelo computador, existe um novo nicho a ser aproveitado. Essas mudanças criam oportunidades para os novos formatos, ao mesmo tempo que os formatos tradicionais perdem terreno.

Essa transformação passa a influenciar a forma como as emissoras de rádio no Brasil começam a marcar presença no meio. Já podemos começar a nos despedir dos antigos formatos comerciais dos anúncios de quinze ou trinta segundos concentrados num bloco comercial. Está chegando o momento em que os conteúdos publicitários serão diluídos na programação (eventos, promoções, coberturas esportivas, projetos culturais, produtos paralelos ao negócio com a marca da rádio etc.) e terão um peso superior ao dos spots.

No futuro, os negócios envolvendo o rádio serão como icebergs: uma pequena parte estará à vista, enquanto todo o restante estará submerso.

INTERNET E O FUTURO DO RÁDIO

O impacto da internet sobre o rádio e a tecnologia de *podcasting* (arquivos de áudio transmitidos via internet) nos levam a um caminho sem volta, em que o público se tornou agente da comunicação, não sendo mais simplesmente ouvinte. O ouvinte na web é um ouvinte interativo. Ele quer participar, fazer também a sua comunicação.

A internet democratizou a informação, porque a maioria das pessoas consegue produzir e obter informação em menos tempo, por meio da mídia digital. Outra vantagem da internet é permitir maior integração com a audiência. No entanto, essa interatividade não era esperada pelos profissionais do rádio, não percebendo a internet como uma ameaça. As emissoras que a ignorarem não sobreviverão.

O *podcasting* pode ser muito útil ao rádio, pois representa conteúdo sob demanda, que as pessoas podem acessar quando quiserem e levar para onde forem. Trata-se de outro formato de comunicação, que permite aos profissionais de rádio fazer mais com menos tempo.

TECNOLOGIAS VERSUS MERCADO DE TRABALHO

As novas tecnologias do mercado radiofônico acentuaram ainda mais os elementos que caracterizam o rádio como um dos veículos mais rápidos da mídia eletrônica. Ampliaram-se ainda mais sua velocidade, instantaneidade e mobilidade, aumentando, com isso, a excelência dos serviços prestados pelo veículo, com maior flexibilidade e credibilidade na apuração da informação.

Entretanto, a instauração de recursos trazidos pelas novas tecnologias ao rádio trouxe desemprego ao setor. É o preço injusto da tecnologia. Afinal, ela está presente em nossa vida para aprimorar serviços e reduzir custos. Foi o tributo a ser pago pelo radialista no processo de re-engenharia do setor da radiodifusão.

No entanto, isso não ocorreu só no rádio; todos os segmentos que usaram a tecnologia para aprimorar seus serviços sofreram esse efeito; nas áreas da agricultura, da indústria automotiva e até nas empresas de prestação de serviço a tecnologia desempregou pessoas. Isso também aconteceu após a Revolução Industrial, quando algumas máquinas passaram a fazer o trabalho de dezenas de homens.

O homem e o mercado de trabalho constantemente enfrentam as mudanças e se adaptam às novas tendências. Hoje vivemos uma nova revolução, que pode ser denominada revolução da era tecnológica.

O RÁDIO DIANTE DA TELEVISÃO

O rádio não substituirá a televisão e vice-versa. A imagem é imprescindível; embora o rádio trabalhe com a imagem mental, jamais o ouvinte poderá obter, dessa forma, uma ideia precisa do fato, tal como ele é. Cada um cumpre o seu papel na difusão do fato e da notícia.

Quanto à participação dos anunciantes, o maior problema do rádio é a verificação da audiência. As emissoras de rádio ainda não possuem meios efetivos para quantificar sua audiência. Alguns sistemas que estão chegando ao Brasil devem favorecer o meio, que terá de trabalhar muito para reverter esse estado de coisas. O veículo não pode se contentar com uma das menores fatias do mercado publicitário.

LOCUTOR DO FUTURO

O locutor do futuro deverá ter consciência de que as mudanças sempre chegam sem aviso. Preocupe-se em desenvolver bons relacionamentos no meio e procure conservar as amizades, fatores essenciais para a manutenção de um profissional na área. Quanto às mudanças que vêm por aí, com a digitalização do rádio o conteúdo do comunicador fará a diferença. Tendo a manter uma visão otimista sobre o futuro do rádio, pois em seus momentos mais difíceis o meio foi encontrando soluções para continuar sendo a mídia da emoção e o maior companheiro dos brasileiros.

27 ESTRUTURA E FUNCIONAMENTO DE UMA RÁDIO AM/FM

Vamos encontrar no "dial" do rádio duas possibilidades que dizem respeito ao processo de modulação escolhido pela emissora: a amplitude modulada e a frequência modulada.

AMPLITUDE MODULADA (AM)

Sistema de transmissão em que o sinal modulador da mensagem de radiofrequência, que se propaga a partir do transmissor, é recebido pelo portador de um aparelho de rádio em sintonia com a faixa de ondas médias. As faixas de ondas médias (OM), ondas tropicais (OT), de 62, 90 e 120 metros, e ondas curtas (OC), de 49, 31, 25, 15 e 13 metros, adotam a modulação AM. Reiterando, a sigla AM designa um tipo de modulação, enquanto OM designa uma faixa de frequência.

FREQUÊNCIA MODULADA (FM)

Sistema de transmissão em que a onda portadora, na faixa de 88 a 108 MHz, é modulada em frequência, ou seja, a moduladora, que é a informação na faixa de audiofrequência, altera a frequência central da emissora em função de sua intensidade e de sua frequência. O processo em FM é submetido a menor incidência de ruído, e lhe é inerente uma faixa mais ampla de reprodução do áudio, o que lhe confere maior fidelidade.[24]

O QUE SÃO ONDAS DE RÁDIO?

As ondas de rádio são impulsos de energia elétrica que se propagam no ar, no espaço e até em objetos sólidos. Podemos ouvir falar delas com outro nome: ondas eletromagnéticas. Algumas ondas de rádio podem ser emitidas por estrelas ou criadas por relâmpagos, mas não podem transportar som. As ondas de rádio que conhecemos são produzidas por transmissores e precisam ser convertidas em ondas sonoras. São também chamadas ondas de transporte, pois levam consigo as informações referentes ao som produzido dentro do estúdio de uma rádio.

COMPRIMENTO DAS ONDAS

O comprimento das ondas de rádio varia entre 0,33 milímetros e 30 quilômetros. A distância é medida do topo de uma onda ao topo da outra. Sua altura relaciona-se com a amplitude e indica a sua intensidade.

---

24 Maria Elisa Porchat, *Manual de radiojornalismo (Jovem Pan)*, p. 178.

VELOCIDADE DAS ONDAS DE RÁDIO

Todas as ondas de rádio se propagam à velocidade da luz (300 mil km/s). Isso significa que, quanto menor for o comprimento da onda, maior será a frequência com que as ondas completas passam por determinado ponto. A frequência é medida pelo número de vezes que uma onda se repete em cada segundo, uma vez que elas são muito rápidas (frequências diferentes são utilizadas para diferentes transmissões de rádio).

DIFERENÇA ENTRE ONDAS CURTAS (OC), AMPLITUDE MODULADA (AM) E FREQUÊNCIA MODULADA (FM)

As transmissões em AM (ondas médias) seguem a curvatura da Terra mas são rapidamente absorvidas, limitando a distância da transmissão. Os sinais de FM só podem ser recebidos se o receptor tiver uma antena. A qualidade desses sinais é muito boa, mas a distância alcançada é extremamente limitada. As transmissões de ondas curtas não têm a mesma qualidade de som que as de AM/FM, porém, a área coberta por elas é muito maior. Uma nova tecnologia, as "ondas curtas digitais", alia o potencial de melhorar a qualidade do som à grande área que pode ser coberta pelas ondas curtas comuns.

QUEM É O OUVINTE DE ONDAS CURTAS

A escuta das ondas curtas (*shortwave listening*) pode ser definida como a atividade de escutar emissoras de rádio internacionais, ou de localidades distantes do próprio país, numa linguagem compreensível e apreciando os programas transmitidos, como noticiários, programas esportivos, musicais, entre outros. O radioescuta (como é genericamente chamado o ouvinte de rádio) costuma escrever para as emissoras enviando comentários e fazendo sugestões, como uma forma de retorno. Muitas estações agradecem pelas cartas escritas, enviando prospectos sobre a emissora e brindes. As estações também costumam responder às informações de recepção fornecidas pelos ouvintes enviando os chamados cartões QSL.

CARACTERÍSTICAS DO OUVINTE DE ONDAS CURTAS

Um primeiro grupo de ouvintes de ondas curtas é constituído pelas pessoas que vivem em países em que o governo restringe o rádio, oferecendo apenas um ponto de vista. Esse grupo (50-80% da população) possui rádios de ondas curtas, trazendo programas que oferecem maior diversidade. O segundo grupo é composto por pessoas que vivem em países onde existe uma maior variedade de meios de comunicação e de programas, mas que têm interesse em programação internacional. Esse grupo representa uma pequena parte da população e é formador de opiniões.

DEFINIÇÃO DE DX

A atividade de ouvintes interessados nos aspectos técnicos do rádio, como propagação e experiências com antenas, é chamada de DX, sigla em inglês na qual a letra D significa distância e a letra X, incógnita. Esse termo pode ser interpretado como "a atividade de ouvir estações de rádio localizadas a uma distância desconhecida".

Para um adepto de DX isso significa varrer as faixas de ondas curtas à procura de estações que por vezes possuem um sinal tão fraco que torna difícil a sua escuta.

Muitas dessas estações não estão interessadas em transmitir para audiências tão distantes; geralmente são estações regionais, transmitindo com baixa potência, que usam as ondas curtas para atingir ouvintes de regiões específicas e não muito distantes.

28 COMO VENDER E COMERCIALIZAR NO RÁDIO

A generosidade com que os anunciantes tratavam o rádio ficou no passado, e atualmente existe uma forte predominância da presença do locutor na comercialização dos espaços publicitários. Alguns fatores acabam por influenciar sobremaneira esse novo formato comercial, principalmente em emissoras pequenas no interior dos grandes centros.

Um novo modelo para fazer negócios se estabeleceu, e o comunicador passou a ter necessidade de desenvolver suas habilidades de venda, a fim de buscar recursos para a emissora. Sua imagem pública lhe dá prestígio e o aproxima dos anunciantes. Sua força e influência sobre a comunidade, exercidas por meio do microfone, fazem a diferença em relação aos representantes e contatos comerciais da emissora.

O comunicador acaba se tornando um produto do meio de comunicação. É importante trazer ao leitor informações relativas ao assunto, visto que, para uma contratação, muitas vezes se levam em conta não somente o potencial artístico do locutor, mas também a habilidade, o conhecimento e o potencial que possui na área de comercialização e vendas.

VERSATILIDADE DO MEIO

A publicidade veiculada no rádio tem um preço acessível, com excelente retorno e aproveitamento. Esse crescimento se deve muito às mudanças no cotidiano urbano.

O tempo que as pessoas passam fora de casa aumentou, e isso fez que o rádio ficasse ainda mais próximo da população. Uma das principais causas desse fenômeno é o trânsito das grandes cidades. A *unissensorialidade*, que é a capacidade que temos de fazer outras coisas enquanto ouvimos rádio, permite ao veículo penetrar na vida diária das pessoas, dos consumidores.

A seguir, são apresentadas algumas definições básicas das formas publicitárias veiculadas no rádio.

ANÚNCIO PUBLICITÁRIO

É usado para levar ao conhecimento público um produto ou serviço de uma empresa ou instituição. É um pequeno espaço (o anúncio em geral dura de quinze segundos a um minuto) pago pelo anunciante, apresentado em forma de peça radiofônica (interpretação de texto, poesia, música, dramatização), que contém de forma explícita as intenções do anunciante, envolvendo alguns dos seguintes aspectos:

- locução com interpretação (dramatização cênica vocal), com o texto na primeira pessoa;

- trilha sonora (música de fundo acompanhando o "clima" da interpretação);
- slogan (frase predefinida que caracteriza as qualidades do anunciante ou seu produto);
- jingle (música instrumental ou cantada que marca a mensagem publicitária);
- pré-produção gravada (veicula-se uma gravação predefinida pela produção);
- nome do produto, preço, endereço, forma de pagamento, promoções e tudo que o anunciante quiser veicular naquela peça publicitária.

APOIO CULTURAL

É a maneira de divulgar uma manifestação empresarial ou institucional como apoio a uma realização, produção ou atividade na emissora ou com sua participação, sem finalidade ou compromissos publicitários. Exemplo: "Estamos apresentando o Programa Musical da Tarde, com apoio cultural da Rádioficina – os melhores cursos com os melhores profissionais".

O apoio cultural não envolve:

- trilha sonora;
- preço, endereço, telefone, produto ou serviço;
- jingle ou outra informação de cunho comercial.

Deve constar apenas o nome da empresa ou instituição benemérita (Rádioficina), podendo também constar seu slogan ("Os melhores cursos com os melhores profissionais").

Geralmente se confunde apoio cultural com anúncio publicitário. O apoio cultural divulga o nome da empresa de forma institucional, ao contrário do anúncio publicitário, que divulga tudo aquilo que interessa ao anunciante.

CLASSIFICADO

É um anúncio publicitário sem produção ou acabamento e pode ser narrado até pelo próprio anunciante interessado, de maneira informal e ao vivo. Essa é uma das formas mais econômicas de realizar publicidade radiofônica; por ser informal, não possui slogan, jingle, trilha sonora ou outro recurso de produção.

Seu recado é direto, como em um classificado de jornal, e funciona muito bem em programas populares. Em geral é veiculado pelo locutor durante o programa, independentemente de estar ou não no intervalo comercial. Exemplo: "Rádioficina: aprenda a fazer rádio com quem gosta de rádio, onde você realiza os melhores cursos com os melhores profissionais".

TESTEMUNHAL

É uma peça publicitária formada de comentários do apresentador do programa. Sua duração varia de um a dois minutos e pode ir ao ar ao vivo ou ser gravado. Nesse tipo de publicidade, o apresentador usa sua credibilidade, seu prestígio e carisma perante os ouvintes. O custo por inserção é maior em relação a uma chamada convencional, pois o comunicador vincula a sua imagem à qualidade do produto. Exemplo: "Se você gosta de rádio e gostaria um dia de trabalhar neste veículo incrível, faça como eu – faça um curso na Rádioficina".

TEASERS

São frases ou acordes musicais inseridos no meio de um programa ou até mesmo nos intervalos comerciais, sem vínculo com o roteiro e sem relação com o texto ou situação. São rápidas chamadas que citam o nome do produto ou da empresa. Geralmente são utilizados nos momentos de maior atenção por parte do ouvinte. Assim que acontece a narração de um gol durante um jogo, ou anuncia-se a hora certa, o locutor fala o nome do produto, seguido do seu slogan.

MERCHANDISING

Diferentemente do *teaser*, sua citação tem relação com o texto e com a situação. Durante o programa, o locutor convida seu sonoplasta a fazer um curso de aprimoramento profissional na Rádioficina, por exemplo. O simples fato de fazer, ao microfone, o convite ao colega já é uma propaganda da instituição. A citação nesse caso tem que ver com o texto.

CARACTERÍSTICAS COMERCIAIS DO RÁDIO

O rádio, comparado com outros veículos da mídia eletrônica, é extremamente simples e acessível, e reúne, em sua programação, temas e sons para todos os gostos. Fala de religião, informa como está o trânsito, toca sucessos e também narra jogos de futebol. Tal versatilidade faz do rádio um veículo com características próprias, atingindo públicos de todas as idades e classes sociais.

Proximidade

O rádio está junto do consumidor na hora da compra, influenciando a decisão. Segundo pesquisas, o rádio é o veículo que acompanha 93% dos consumidores na hora que antecede a compra, ou seja, a mensagem comercial fica presente na lembrança do consumidor.

Presença diária

Pessoas passam mais tempo com o rádio. O consumidor ouve o rádio, diariamente, por, em média, 3 horas e 45 minutos, mas em diversos casos fica ligado por mais de quatro horas. Pesquisas comprovam que as pessoas absorvem o que ouvem (palavras) com mais facilidade do que o que veem (imagens), principalmente se a mensagem estiver em forma de jingle.

Audiência

O rádio é imbatível no horário comercial. Tem o triplo de audiência da televisão durante a manhã e mais que o dobro durante a tarde. É mais ouvido justamente no horário em que as empresas e o comércio estão abertos, o que faz dele um meio inserido no cotidiano. A cobertura do rádio é ampla, pois chega aonde muitos veículos da mídia não chegam. Pesquisas do Ibope confirmam: as pessoas que fazem compras passam 17% mais tempo ouvindo rádio do que vendo televisão. O ouvinte de rádio não precisa estar olhando para o aparelho para ser atingido pela propaganda – ele pode estar fazendo outras coisas e mesmo assim a mensagem comercial chegará até ele.

Eficiência

O rádio atinge consumidores envolvidos nos grandes ramos de atividade com mais eficiência. Segundo pesquisas, ele atinge a quase totalidade dos consumidores dos principais ramos de atividade em quinze dias.

Alcance

O rádio alcança o consumidor em qualquer lugar: começando o dia, com o rádio-relógio, sendo companhia no café-da-manhã, no ônibus e no carro a caminho do trabalho, no próprio trabalho, no restaurante, na hora do almoço, na lanchonete à tarde, nas lojas, no bar, durante a happy hour, à noite, no encontro com amigos, na madrugada boêmia, na praia e na fazenda, durante o cooper e andando de bicicleta, com o walkman. É um produto possuído por 51% da população.

Penetração

O rádio está em 98% das casas. Além dessa vantagem, o rádio está em 83% dos carros contra 1% da TV, e mais da metade da população acorda com o rádio-relógio. Ele não tem fronteiras. Pode estar presente numa cidade do interior, caracterizando a sua face regionalista, ou em pontos mais remotos, de alcance nacional ou internacional, atravessando oceanos (ondas tropicais, ondas curtas, AM e FM, na internet).

Exposição

O horário nobre do rádio dura treze horas, pois é imbatível das 6 até as 19 horas.

Mobilidade

O rádio pode ir com o consumidor para os bares, as praças, a beira da praia e os calçadões. É um veículo especializado em acompanhar o consumidor durante toda a sua vida. O rádio passa o dia inteiro com seu proprietário. Ele é menos complexo tecnologicamente. Com o advento do transistor e a diminuição do tamanho, ganhou mobilidade surpreendente, estando presente em espaços importantes. A audição radiofônica pode ocorrer em casa, no carro, no trabalho, no parque, em todos os lugares. Para o radialista, a simplicidade do rádio contribui para a dinâmica da programação: é muito fácil substituir uma matéria ou acrescentar algo novo durante uma emissão.

Credibilidade

O rádio é um dos veículos de maior credibilidade. Todos os anos realizam-se pesquisas para aferir a credibilidade dos vários setores perante o público, e o rádio sempre se destaca. Ele é o segundo em credibilidade, logo atrás da Igreja Católica, seis posições acima dos jornais e dez posições acima da televisão, ou seja, as pessoas acreditam muito mais no que é veiculado no rádio, e isso se reflete também em sua propaganda, que ganha veracidade.

Baixo custo

Você pode usar dez helicópteros e vinte carros de Fórmula 1 em um spot de rádio sem gastar quase nada e tendo o produto final em um prazo recorde, porque o rádio usa a imaginação do consumidor. Também não podemos esquecer o baixo custo do aparelho receptor; pelo preço de mercado, o rádio é o mais barato, o que favorece a sua aquisição por grande parte da população.

Caráter imediato

O spot de rádio pode ser alterado em seu conteúdo em uma hora. No rádio, o anunciante pode fazer uma promoção diferente por dia ou até por hora, adequada ao ritmo de seus consumidores. O rádio também é mais rápido que os demais veículos no que diz respeito à busca das informações, pois divulga o fato na hora de seu acontecimento e seu desenrolar, ao vivo.

Instantaneidade

Para ouvir uma informação, o ouvinte tem de estar presente na hora da transmissão. No rádio, a emissão e a recepção acontecem no mesmo momento: assim, uma mensagem radiofônica é consumida no momento da transmissão; para ouvi-la novamente é necessário o uso de um gravador, que não é prático nem corriqueiro. Já os veículos impressos encontram-se, nesse ponto, em situação mais confortável, pois podem ser consumidos quantas vezes e quando o leitor quiser.

29 O RADIALISTA E A ÉTICA

Sabemos que não existem fórmulas mágicas para se formar um bom comunicador. Talvez seja engano pensar que um locutor "já nasce para a coisa". A pessoa pode até ter atributos naturais que a favoreçam, como uma boa voz, dicção, articulação ou pronúncia. Mas a locução radiofônica se faz com a utilização de técnicas específicas, pois o veículo emprega mão-de-obra especializada. No entanto, por mais talentoso e eficiente que seja o profissional, sua consagração só virá com o tempo. Sua reputação é construída pelo respeito, senso de justiça e coerência nas palavras, equilíbrio nas atitudes e magnetismo na comunicação.

A ética deve ser um valor integrado, e não apenas acessório. Digo ao caro leitor que, durante esses anos todos como radialista e docente em cursos de formação de radialistas, pude observar diversos tipos de profissionais no rádio. Como era de esperar, com o passar do tempo alguns alcançaram maior sucesso que outros.

Invariavelmente, os de maior sucesso são aqueles que se preocupam com determinados valores. Certamente um dos itens que os destacam é a ética profissional. Mas afinal, o que é ética?

A palavra vem do grego *ethos*, que se refere ao modo de ser, ao caráter. O homem não nasce com esse caráter definido; ele é adquirido ou conquistado pelo hábito.

O filósofo Aristóteles definia *ethos* como credibilidade conquistada por um autor por meio da inteligência, do bom caráter e do respeito pelo público. A ética não é algo pronto nem pode ser construída de uma só vez. Ela existe como uma referência para os seres humanos em sociedade, de tal modo que a sociedade possa se tornar cada vez mais humana. Por que a ética é necessária e importante? Ela tem sido o principal regulador do desenvolvimento histórico-cultural da humanidade. Sem ética, ou seja, sem os princípios humanitários fundamentais, comuns a todos os povos, nações, religiões etc., a humanidade já teria sido levada à autodestruição.

POSTURA E ÉTICA NA CONCORRÊNCIA

Radialistas motivados e comprometidos com o trabalho em equipe tornam-se o grande diferencial na disputa pela audiência.

Discordo da postura de alguns colegas radialistas que, quando na direção artística de emissoras, fazem da concorrência um ataque institucional, pois veiculam chamadas que menosprezam promoções, eventos e lançamentos musicais de emissoras concorrentes. As guerras de chamadas no ar começam quando há o revide da concorrente.

Para o ouvinte, pode parecer divertido ouvir as "alfinetadas" mútuas, mas para o anunciante e para o mercado publicitário, isso demonstra desunião do setor.

De fato, a concorrência no rádio precisa existir; aliás, quem ganha com ela é o próprio ouvinte. No entanto, devemos fazer que essa concorrência exista somente da antena para cima, pois, da antena para baixo somos o rádio, e precisamos estar unidos para disputar o melhor espaço no mercado publicitário.

POSTURA E ÉTICA PROFISSIONAL

Aos que já atuam no mercado, minhas recomendações enfocam a importância da postura profissional. O profissionalismo de um bom comunicador está nos detalhes de sua personalidade, que vão desde o seu companheirismo no trabalho em equipe até o seu desempenho e postura perante o microfone.

A imagem e o relacionamento do profissional com as emissoras de sua região, bem como a convivência com seus colegas de mercado, devem ser valorizados. Hoje você está trabalhando na emissora A, e amanhã, para poder trabalhar na emissora B, certamente precisará ter desenvolvido um bom relacionamento profissional, que só vem com o tempo e com o bom desempenho do seu trabalho.

Há de se observar ainda outro detalhe, importantíssimo para o crescimento de sua carreira e o seu sucesso profissional no rádio: o controle da vaidade.

UTILIZE O TERMO "NÓS"

Especialistas em comunicação apontam o "nós" como um item ainda presente na comunicação moderna. Os comunicadores mais conservadores sempre utilizaram o "nós" durante citações pessoais, como uma demonstração de modéstia. E estão certos.

Eis alguns exemplos da utilização, recomendada, do "nós": "Nossa rádio faz de tudo para ter você na sintonia"; "Nós chegamos ao primeiro lugar na audiência, graças a você". Porém existem momentos em que a citação do "eu" também exerce um papel importante na comunicação. Na frase: "Eu me sinto feliz em falar com você nesta manhã"; "Eu me esforcei bastante para conseguir tocar esta música no programa de hoje", o uso do "eu" demonstra sinceridade e consideração pelo ouvinte.

O "nós" também tem o poder de afastar resistências desnecessárias. É como se o locutor estivesse se unindo aos ouvintes para receber uma mensagem, isto é, ele aconselha e ao mesmo tempo é aconselhado, ele ensina e ao mesmo tempo recebe os ensinamentos. Seria muito diferente se o comunicador usasse o "vocês" em lugar de "nós", já que, se assim o fizesse, passaria a impressão de que é o único a saber como agir e de que os outros, aqueles que recebem as suas informações, são despreparados ou desinformados. Ergueria, dessa forma, uma barreira entre ele e os ouvintes, dificultando a tarefa de conquistá-los.

INTELIGÊNCIA EMOCIONAL

Talvez "inteligência emocional" seja o termo mais adequado quando se trata da arte de relacionar-se com os outros. Os seres humanos são muito semelhantes biologicamente, mas muito diferentes psicologicamente.

No calor, por exemplo, reagimos biologicamente de forma muito semelhante: transpiramos, sentimos sede; no entanto, nossas reações psicológicas são distintas na presença dos mesmos agentes externos. Alguns se irritam com a presença do sol e do calor, outros elevam seu astral; enfim, cada um é cada um.

SAIBA ADMINISTRAR SEU SUCESSO

Reconheço que não é fácil driblar a vaidade nos primeiros anos de rádio. Parece que ficamos mimados pelos elogios dos ouvintes em relação à nossa voz, sentimo-nos importantes quando reconhecidos por um grupo de pessoas, agrada-nos o prestígio que o rádio nos traz.

Tudo bem, isso acontece com todo ser humano. Quem é que não gosta de ser valorizado, prestigiado e respeitado pelas pessoas? Só que não devemos perder a noção das coisas, e sim evitar que o sucesso provoque uma autovalorização exacerbada, afete nosso comportamento, altere nossa personalidade e prejudique a nossa imagem perante o público. Saber administrar a conquista do sucesso e o reconhecimento profissional por parte do público significa ter os ouvintes ao seu lado e seus companheiros de trabalho torcendo por você.

Aprenda a compartilhar o sucesso com os profissionais que trabalham ao seu lado. Não pense que é a "azeitona da empada" ou o "último biscoito do pacote".

Ninguém chega lá sozinho. Precisamos dos outros, o que é muito claro no trabalho no rádio e na TV. Fico bastante à vontade para narrar o que acontece com os locutores. Também passei por essa fase. No início, em nossa primeira oportunidade de trabalho, começamos humildes, pontuais, produtivos e motivados. Com o passar do tempo, já mais seguros na função, passamos a nos sentir insubstituíveis. Pois tudo gira em torno do locutor: as cartas, as visitas dos ouvintes, os e-mails, os telefonemas e as felicitações pelo sucesso da emissora.

Pronto, ficamos envaidecidos, sendo que muitos passam a se sentir até mais importantes que a própria rádio. É nesse momento que se inicia algo muito curioso: o locutor, no alto do pedestal, começa a enxergar algumas pontas iluminadas saindo de sua cabeça ao deparar com o espelho. Descobre a presença de uma estrela brilhante no alto da sua cabeça. O pior de tudo é que só ele enxerga essa estrela. Ninguém mais.

Como é ruim a sensação da descoberta de que essa estrela, na verdade, é cadente! Nesse ponto, a imagem do profissional se desintegra diante das portas que se fecham para ele.

Não vale a pena. Tenha sempre a consciência de que o rádio certamente vai lhe trazer uma estrela, mas ela deverá brilhar dentro de você. Compartilhe esse brilho com os outros e sentirá muita luz à sua volta, em decorrência das suas boas atitudes.

Você terá a chance de viver, na profissão, grandes momentos com as pessoas que ajudaram a construir o seu prestígio e ergueram sua imagem perante os ouvintes.

Aos que reconhecem ter perdido espaço, costumo dizer que nunca é tarde para uma mudança de atitude; basta reconhecer as falhas, demonstrar ao mercado uma nova postura e investir na reconstrução da imagem.

APRENDA O PULO-DO-GATO

Se você me perguntasse como fazer sucesso no rádio, eu lhe diria, sem medo de errar: seja natural. Aprenda e aplique todas as regras e princípios da locução radiofônica, mas jamais perca de vista a naturalidade.

Participe assiduamente das reuniões da emissora, comprometa-se profissionalmente com a sua função e, acima de tudo, seja você mesmo. Primeiro, tenha em mente que erros no trabalho acontecem, mas seja honesto com você mesmo, reconhecendo suas falhas e limitações. Depois, procure superar-se sempre, demonstre descontentamento diante das falhas, aprendendo o que não sabe e reaprendendo o que mudou.

Não admita que a sua experiência e seu tempo de mercado, por maiores que sejam, fechem-no para as mudanças. Tenha a certeza de que as pessoas que você julgar de confiança o ajudarão a evoluir e continuarão confiando no seu trabalho.

O pulo do gato é conhecido, entre os felinos, como a única evolução que o difere dos demais da sua espécie. O gato consegue pular para trás, invertendo todo o movimento do corpo em relação ao predador que o persegue: o segredo do gato é saber voltar atrás. Muitas vezes, voltar atrás após algumas decisões pode ser o impulso que você precisa para dar um grande salto para a frente.

CONSIDERAÇÕES FINAIS

> "Há três coisas na vida que nunca voltam atrás: a flecha lançada, a palavra pronunciada e a oportunidade perdida."
>
> Confúcio

Uma longa trajetória na área do conhecimento sempre começa com o primeiro passo que você acaba de dar. Ler, sempre será uma das maneiras mais eficientes de se adquirir qualquer forma de conhecimento. As técnicas relatadas neste livro são importantes, mas não funcionarão se a paixão pelo rádio não estiver presente dentro de você.

Apaixonar-se pelo rádio inclui muito mais do que estar dentro de um estúdio com ar refrigerado, rodeado de equipamentos, apertando botões cintilantes que levam a sua voz a lugares distantes. Apaixonar-se de verdade representa você ter compromissos firmados com seus ouvintes, sua comunidade e seu país.

Você vai ter de se comprometer com alguns valores antes de atingir sua realização pessoal e profissional no rádio. Valores como ética, responsabilidade social e cidadania.

Esta profissão também poderá recompensá-lo de várias formas; no entanto, vai exigir de você alguns esforços pessoais – como ter hora certa para chegar, mas não para sair –, vai exigir espírito de equipe, determinação, desprendimento e profissionalismo.

Lembro-me de uma conversa que tive com a filha de Roquette Pinto que, ao falar da paixão do pai pelo rádio, disse em tom de humor que quando ele se feria, não saía sangue, mas ondas de rádio.

Não viemos a esta vida a passeio. Muito embora o destino nos lance como *uma seta*, somos nós que escolhemos os alvos e as missões. Cada um tem a sua, não somos meros passageiros nessa jornada, sem uma tarefa, sem trajetória traçada. O rádio me ajudou a encontrar essa missão.

É estar aqui, com os meus ouvintes, alunos e leitores para juntos descobrirmos a melhor forma de *como falar no rádio*.

Tenho consciência de que um dia não estarei mais por aqui para compartilhar conhecimentos com as pessoas. É para isso que servem os livros. No entanto, o texto escrito hoje com o passar do tempo poderá estar fora de contexto, tornando-se um pretexto contra o novo. Caberá ao leitor adaptar os conceitos vistos aqui ao seu tempo, para que voltem a ser preceitos atuais.

O poeta, ator e escritor Mário Lago (1911-2002) definiu muito bem a presença do tempo em vida quando disse: "Fiz um acordo amistoso de coexistência com o tempo. Por enquanto nem ele me persegue, nem eu fujo dele. Sei que um dia lá na frente vamos nos encontrar".

Precisamos estabelecer da mesma forma, um acordo com os efeitos do tempo na nossa profissão. O radialista precisa ser um bom ouvinte, para saber não só *pronunciar as palavras*, mas identificar expectativas, necessidades e anseios do público.

O radialista dos dias atuais precisa ficar atento aos fatos e à evolução das coisas, a fim de que as *oportunidades não sejam perdidas* pelo silencioso passar do tempo. Procure entender o sentido das mudanças, de onde vem, sabendo identificá-las no presente, para que possam ser entendidas no futuro.

No entanto, esteja certo de que por mais que a ciência e a tecnologia evoluam, uma coisa nunca será suplantada pelos avanços: a necessidade que o homem tem de se agrupar e compartilhar suas emoções.

> "Quando estiver no ar emocione-se, pois seus ouvintes jamais se esquecerão de você."
> PAULO MACHADO DE CARVALHO

Os caminhos do rádio são circulares, como ondas que saem das antenas.

Certamente, de alguma maneira nos encontraremos por aí.

Boa sorte e muito sucesso nas ondas do rádio!

Cyro César

REFERÊNCIAS BIBLIOGRÁFICAS

BRECHT, Bertolt. *Teoria do rádio*. Série de artigos publicados entre 1927 e 1932.

CASÉ, Rafael. *Programa Casé: o rádio começou aqui*. Rio de Janeiro: Mauad, 1995.

CHANTLER, Paul; HARRIS, Jim. *Radiojornalismo*. São Paulo: Summus, 1998.

FERREIRA, Léslie Piccolloto; SOARES, Regina Maria Freire. *Técnicas de impostação e comunicação oral*. São Paulo: Loyola, 1986.

GUIMARÃES ROSA, João. "O burrinho pedrês". In: *Sagarana*. 15ª ed. Rio de Janeiro: José Olympio, 1972.

HERCULANO, Alexandre. *O bobo*. Biblioteca Virtual do Estudante de Língua Portuguesa. Disponível em: <http://www.dominiopublico.gov.br/download/texto/bv000305.pdf>.

MOREIRA, Sonia Virgínia. "Getúlio Vargas e o rádio: convergência de histórias". In: BAUM, Ana (org.). *Vargas, agosto de 54 – A história contada pelas ondas do rádio*. Rio de Janeiro: Garamond, 2004, p. 117-24.

ORTRIWANO, Gisela Swetlana. *A informação no rádio: os grupos de poder e a determinação dos conteúdos*. São Paulo: Summus, 1985.

PESSOA, Fernando. *Cancioneiro*. Ciberfil Literatura Digital, 2002. Disponível em: http://www.dominiopublico.gov.br/download/texto/ph000003.pdf.

PORCHAT, Maria Elisa. *Manual de radiojornalismo (Jovem Pan)*. São Paulo: Brasiliense, 1986.

QUEIROZ, Rachel de. "Rádio Transistor". *O Estado de S. Paulo*, São Paulo, 15 jul. 2001.

TAVARES, Reynaldo C. *Histórias que o rádio não contou: do galena ao digital, desvendando a radiodifusão no Brasil e no mundo*. 2ª ed. São Paulo: Harbra, 1999.

www.gruposummus.com.br

IMPRESSO NA
sumago gráfica editorial ltda
rua itauna, 789 vila maria
02111-031 são paulo sp
tel e fax 11 **2955 5636**
sumago@sumago.com.br